Mini Boat

［ミニボート入門］

楽し海モーターボート・ビギナーズ・ガイド

吉谷瑞雄 著

Mini Boat
[ミニボート入門]

CONTENTS

PART 4 安全対策 65

PART 5 海と天気の知識 97

はじめに

私は、誰もが日常生活のなかでもっと海を身近に感じて楽しんでほしいとの思いから「楽し海(たのしみ)」という言葉をつくりました。そして自らを「楽し海マン」と称し、沼津の海で船外機付きの小型ボートで遊んでいます。

静穏な海にボートを出せば、手軽に沖合に出ることができ、海釣りやショートクルーズなど陸上にはない経験を味わうことができますが、楽しさの裏側には大きな危険が潜んでいます。一歩誤れば死を招く重大事故に至ることもあるため、ボートの操縦にあたっては、細心の注意と十分な知識を身につけて臨まなければなりません。とりわけ本書のテーマであるミニボートは、免許も検査も不要という手軽さの反面、ミニであるための脆弱さを持ち合わせています。

ミニボートは、長さ3.3メートル未満の船体に2馬力未満のエンジンを取り付けたボートを指します。これらボートは2003年の規制緩和によって免許も検査も不要となったため、主に海釣りファンのなかに急激に普及し始めましたが、利用者の多くがボートや船外機の扱いに不慣れな初心者であるため、転覆、落水、衝突、エンジン故障などによる海上事故が後を絶ちません。

本書の狙いは、これらビギナーが安全にミニボートを楽しむためのボートや船外機の基礎的な取扱い方法、操縦法、危険への対処法、気象や海象に関する知識などをイラストを交えて平易に理解し、安全で楽しいボート遊びに役立たせていただくことにあります。

内容は主に、私が子供のころから今まで続けてきたボート遊びの体験をもとにまとめたものです。どうぞ、この本の一読により安全で楽しいボート遊びをスタートさせてください。

2009年7月
駿河の海を愛する「楽し海マン」
吉谷瑞雄

この本をお読みになる前に

○この本は、ボート遊びの未経験者が新品のミニボートとミニ船外機を購入し、安全に遊ぶために必要な最小限の知識をまとめた入門書です。

○この本では、3メートル未満(登録長)の合成ゴム製(インフレータブル)やFRP(強化プラスチック)製のミニボートを「ボート」、2馬力以下のミニ船外機を「船外機」と呼び、さらに電動ミニ船外機を「バッテリー船外機」、ガソリン燃料を用いる船外機を単に「船外機」と表記しています。これらのボートと船外機の組み合わせなら、小型船舶操縦士免許および船舶検査は不要です。

○この本の内容には、登録長が3メートルを超えるボートや2馬力を超える船外機には適さないものもあります。

○この本とあわせてボートと船外機の取扱説明書をよく読み、カタログなどの関連資料にも目を通してください(それらに使われる用語はこの本の表記と異なることがあります)。

○ボート遊びは個々の責任で行ってください。

オンラインアドバイス

本書の内容や、ミニボート、船外機などについてご質問がありましたら、「楽し海」仲間としてできる限りアドバイスをさせていただきます。

連絡先: 吉谷　瑞雄(よしや　みずお)
〒411-0034 静岡県三島市加茂川町5-33
Eメール:yosh-miz@po.across.or.jp

Mini
［ミニボート入門］
Boat

PART 1

ボートの基本知識

ボートと船外機の各部名称を憶える

ボートや船外機には専門的な各部名称があります。それらを憶えておくと、いろいろな場面で役立ちます。(　)内はよく使われる別名またはそれについての説明です。

■ボートの各部名称(FRP※ボート)

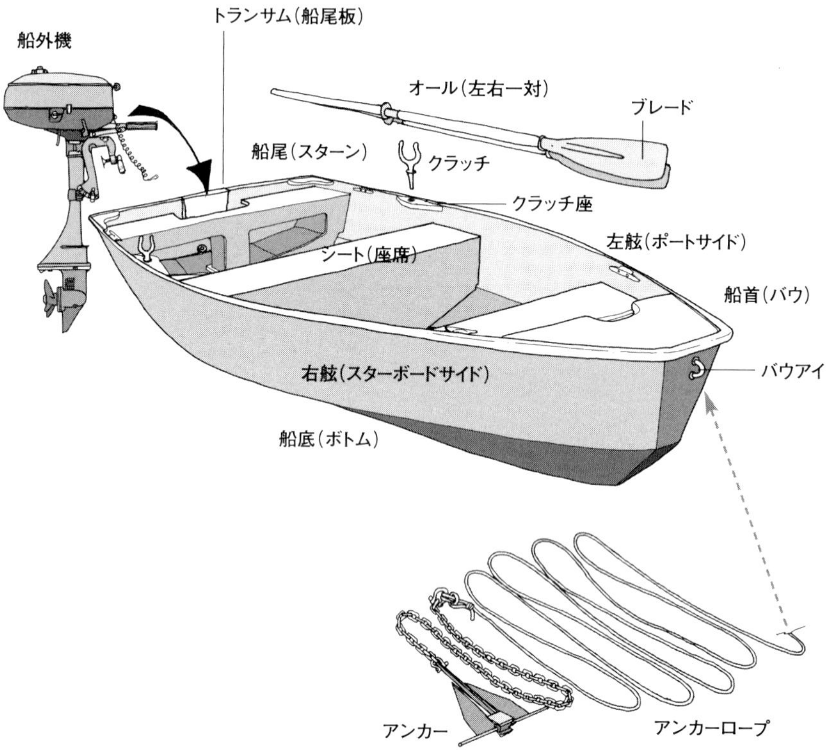

※FRPはFiberglass Reinforced Plastics(繊維強化プラスチック)の略記

■船体の動きを表す言葉

ピッチング（縦揺れ）、ローリング（横揺れ）。

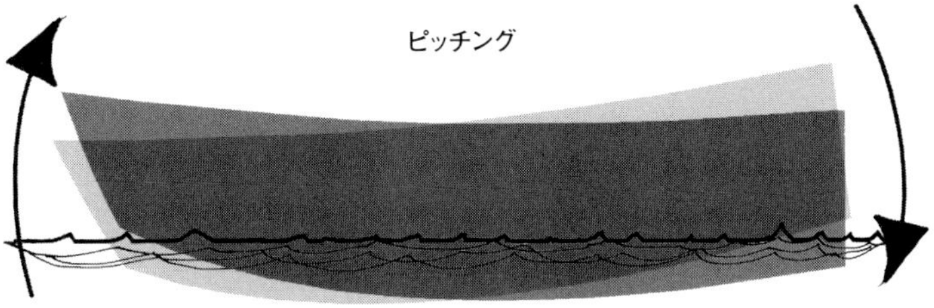

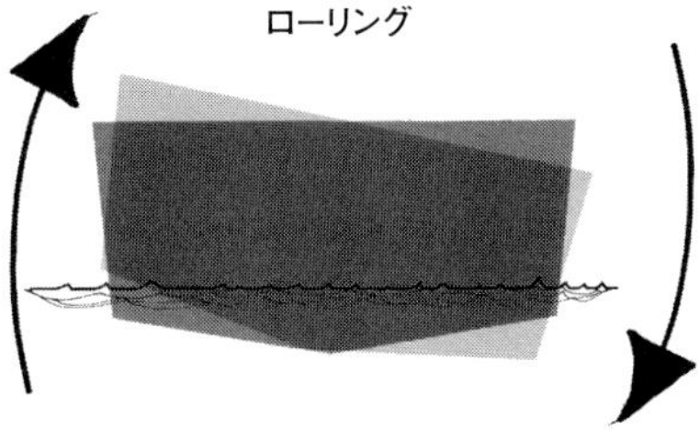

■船外機の上げ下げを表す言葉

チルトアップ（一杯に引き上げた状態）、チルトダウン（一杯に下ろした状態）。

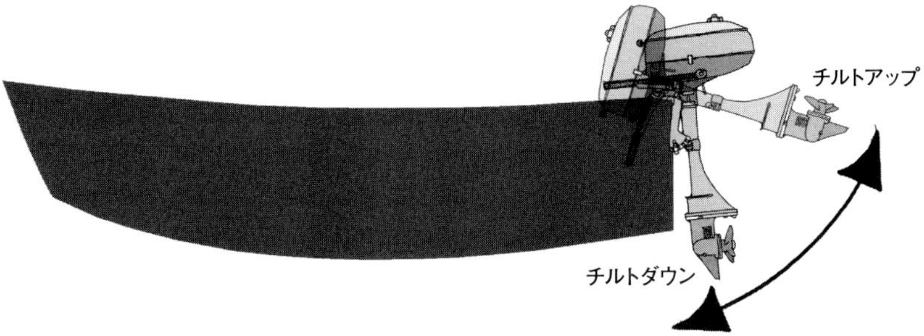

■船外機の各部名称

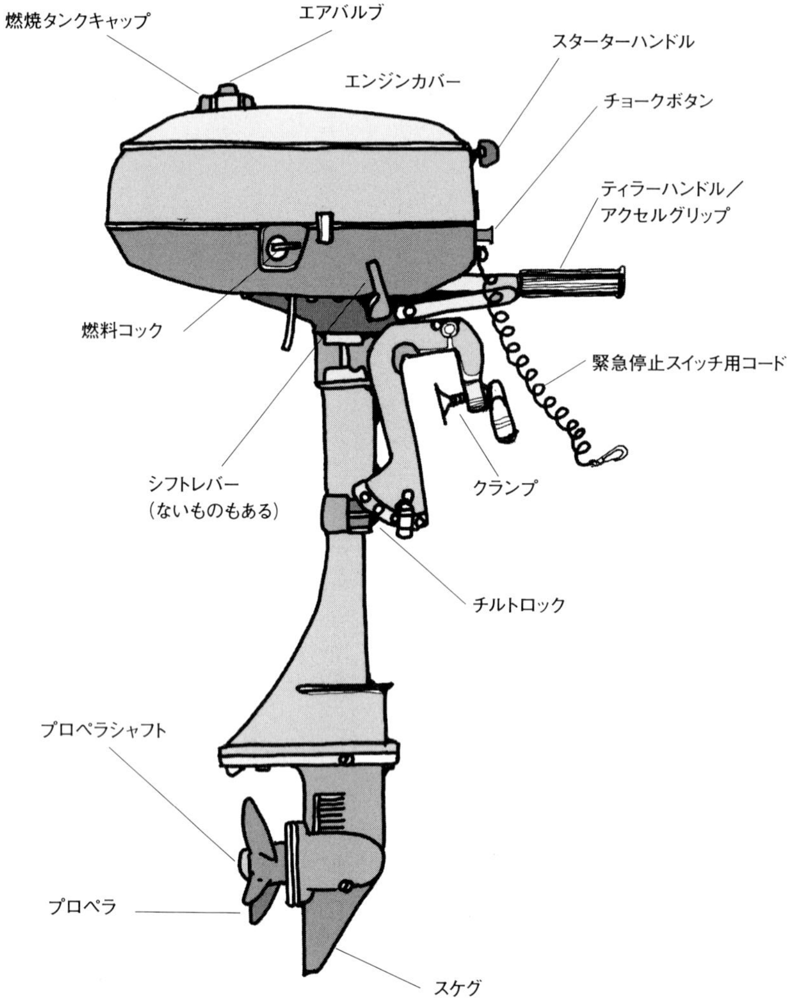
燃焼タンクキャップ
エアバルブ
スターターハンドル
エンジンカバー
チョークボタン
ティラーハンドル／
アクセルグリップ
燃料コック
緊急停止スイッチ用コード
シフトレバー
（ないものもある）
クランプ
チルトロック
プロペラシャフト
プロペラ
スケグ

■バッテリー船外機の各部名称

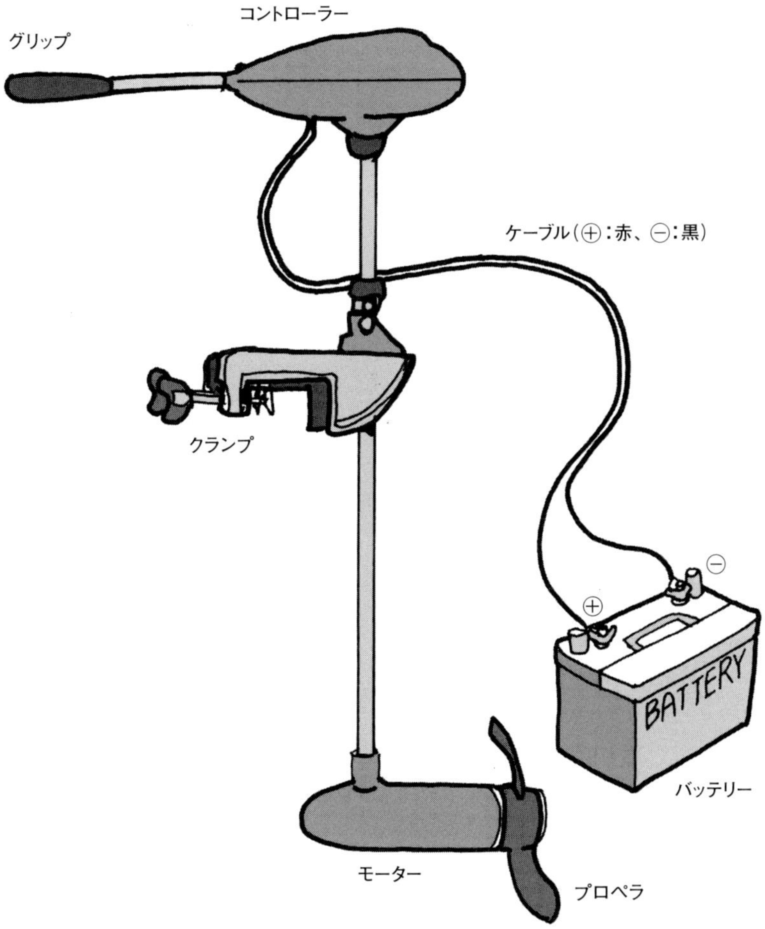

ボートと船外機を入手する

ボートと船外機はなるべく一つの販売店からセットで購入しましょう。その方が販売店の助言によってボートにマッチした船外機を入手できます。

販売店の説明を受けたうえ、現物を見て、触って、乗って、納得した後に買うことをお勧めします。また、事前に雑誌やネットなどで情報を収集しておくと、欲しいものを的確に選ぶことができます。また実際にボート遊びをしている人の助言も役立ちます。

なるべく新品を買いましょう。中古品では、それまでどのように使われてきたかが分からないため不安が残ります。

ボート選びのポイント

ボートの材質はFRP、軽合金（アルミニウム）、木、合成ゴムなどに大別されます。機能面から見ると、大波などでボートの中に浸水しても沈没しにくい不沈構造のボートや、持ち運びに便利な折り畳み式や、前後分割式のボートなどがあります。

それぞれのタイプの長所と短所をまとめると、概略、次のようになります。

■FRPボート

長所――

・丈夫に美しく仕上げられ、ゴムボートなどに比べてスムースに走る（オールも漕ぎやすい）。

・油や化学薬品類に影響されにくく耐久性が高い。

短所――

・かさばるため、運ぶときは小型トラックや乗用車のルーフなどに載せなければならない。

・浸水すると沈没する。不沈構造の船体でも積み荷の重さなどによっては沈没することもある（沈没防止の工夫については72頁「浮力体による沈没防止策」参照）。

・比較的重いため、車から水辺が遠い場合はドーリーが必要(船体にキャリアのついたボートもある)。車から水辺まで運ぶ方法については29頁「ボートを水辺まで運ぶ」を参照。

■軽合金(アルミニウム)ボート

軽合金製ボートの多くは河や湖での淡水魚の釣りに使われています。FRPボートに比べて一般に軽量なため持ち運びは容易ですが、運搬にはFRPボートと同様に乗用車のルーフや小型トラックを使います。市販品の多くは浮沈構造になっています。リサイクル可能な材質なので廃船時の処理は楽ですが、腐食による劣化に注意する必要があります。

■木製ボート

木製ボートは主にアマチュアにより耐水合板を用いて自作されています。保守をしっかり行えば、安価にボート遊びが楽しめます。

■ゴムボート(インフレータブルボート)

長所——

・浸水しても沈没しない。

・空気を抜けば折り畳めるため車の荷物室に収納できる。

・比較的軽いので運びやすい。

短所——

・岩などに擦ると傷つきやすい。

・穴が空いて空気が抜けると浮力が低下する。ただし、船体は複数の独立した気室によって構成されているため、一つの気室が破損しても、他の気室が浮力を補うため、一気に沈没することはない。
・惰性がつきにくいのでオールでは漕ぎにくい。

ゴムボートは空気を抜けば折り畳めるため、車の荷物室に簡単に収納できる

安全な定員

大きさや形状により異なりますが、一般に海上では重いボートほど速力が遅く、操船もしにくくなる傾向があります。また、ボートが重くなって乾舷が下がると、波を被って浸水しやすくなります。

カタログなどに記載されている定員が3名のボートでも、安全定員は「大人2名、または大人1名+子供2名」と考え、大人の3人乗りは避けましょう。

ボートが重くなって乾舷が下がると、波を被って浸水しやすくなる

船外機選びのポイント

船外機には、ガソリンエンジンでプロペラを回す船外機と、バッテリーを電源としてモーターでプロペラを回すバッテリー船外機があります。免許なしで使える2馬力未満船外機のそれぞれの長所と短所をまとめると次のようになります。

■船外機

長所——

・力が強い。

・本体は13〜18kgで片手で持てる(実際はそれに燃料重量が加わる)。

・予備燃料を用意すれば長時間走れる。

短所——

・燃料のガソリンは引火しやすい。そのため火気の使用は厳禁。

・モーターに比べて起動不能を起こしやすい。

・エンジン騒音、排気ガスを出す。

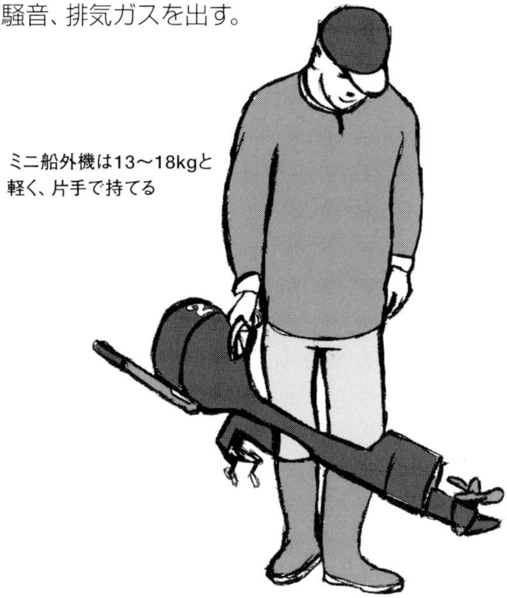

ミニ船外機は13〜18kgと
軽く、片手で持てる

■バッテリー船外機

長所――

・コントロールグリップだけで操作できる(起動操作不要)。

・回転音が静か。

・排気ガスが出ないため環境を悪化させない。

短所――

・現状ではガソリンエンジンと比較して推進力が弱い。

・専用のディープサイクルバッテリーが必要(重量20kg前後と重く、充電器も必要)。

・海上でバッテリー切れになると使用できなくなる。ボートが重くなるので、予備のバッテリー搭載は不適切。

・自動車用バッテリーは寿命が短い。バッテリー船外機に使用するバッテリーは、電力が空になってから充電するサイクル(ディープサイクル)を繰り返すため、エンジン始動時のみに放電してすぐに再充電するように作られている自動車用バッテリーの使用は不適切。

用具を揃える

ボート遊びに最低限必要な用具は、ライフジャケット(救命胴衣)、バケツ(浸水時の排水、火災消火用)、予備燃料タンク(ガソリンエンジンの場合)、アンカー(錨)、アンカーロープ、係留ロープなどです。オールとクラッチ(左右一対)は多くのボートに標準装備されていますが、なければ別途購入しましょう。

ライフジャケット(救命胴衣)

ライフジャケットには固型式と膨張式があります。固型式は浮力材でできているため、着用していれば落水してもそのまま浮力を保てますが、膨張式では自動または手動でガスや空気を注入して浮力を発生させます。

落水して気持ちが動揺しているときでも、確実にライフジャケットが機能するよう、選択にあたっては次のことを考慮してください。

・落水した海面が波立っていても確実に頭部を水面上に保持できる構造のもの(襟の高いもの)。

・水温が低い海域で使用する場合は保温性の高いもの。

[ワンポイントアドバイス]

海上保安庁がまとめた海中転落(落水)事故報告によると、落水者の生存率は、ライフジャケット着用で81%、非着用が28%となっています。着用者の生存率は非着用者の実に3倍にもなり、ボート遊びにとって、ライフジャケット着用がいかに大切かを物語っています。しかし同時に、着用者であっても2割近くの人が溺死していることは、落水がいかに恐ろしいか事故であるかを物語っています。

ライフジャケットは着ているだけでは命の補償になりません。浮力が保たれ安全に体を支えられるよう正しく着用し、落水後に落ちついて対処できる心構えを持つことが大切です。

なお、気温の低い海上でライフジャケットを常時着用すると、保温効果を発揮し、体を寒さから守ります。

■固型式ライフジャケット

長所――

・落水してパニックになっても、正しく着用してさえいれば救命機能を発揮するため、泳げない人や子供には効果的。

・少々傷ついたり破損していても救命の機能が維持できる。

短所――

・着用しているとかさばる(しかし、乗船前から常時着用すること)。

■膨張式ライフジャケット

長所――

・使用時以外は膨張させせないので、常時着用していてもかさばらない(邪魔にならない)。

短所――

・穴があくと中の空気が漏れて救命の機能を果たさない。

・落水後、膨張するまでの間は自力で浮いていなければならないので、泳げない人には不向き。

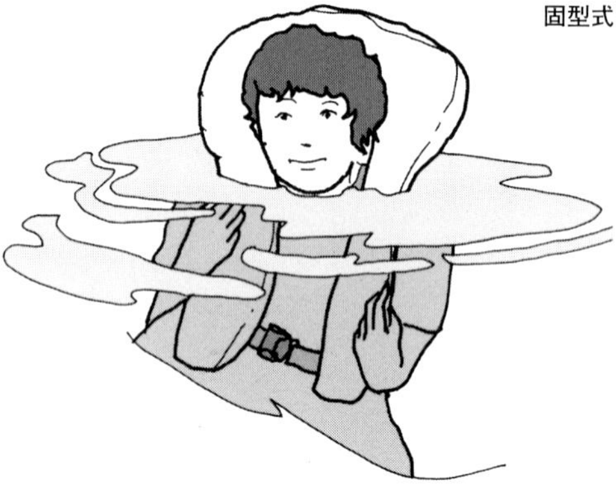

ライフジャケットは落水した海面が波立っていても確実に頭部を水面上に保持できる構造のものが望ましい

固型式ライフジャケット

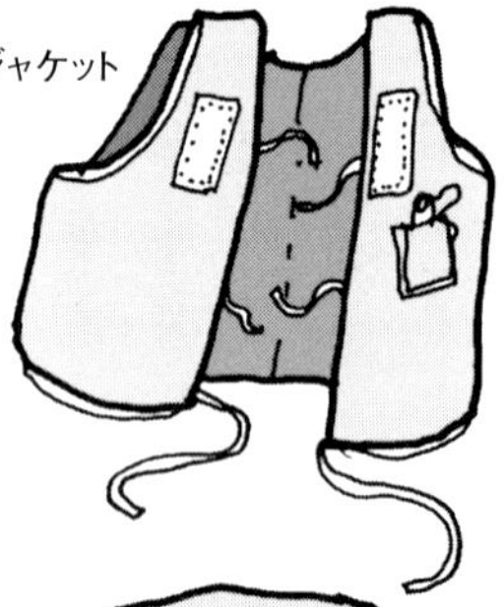

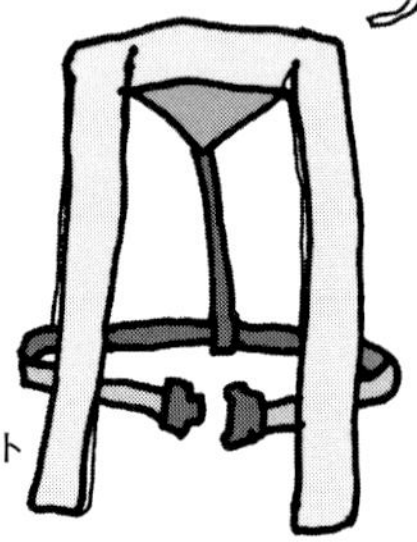

膨張式ライフジャケット

バケツと大型の排水用スポンジ

家庭用のもので十分ですが、たかがバケツと思わないでください。浸水した水を汲み出したり、火災を消したりするための重要な備品であることを忘れてはなりません。

常時は飲食物や小物を入れられるため、狭い船内の整頓に役立ちます。布製バケツは折り畳めるため便利ですが、いざというときはプラスチック製のほうが形がしっかりしているため、使用が容易です。柄の部分に1〜2m程度のロープを結びつけておくと、さまざまな場面で役立ちます。

ボートの底に溜まった少量の水（バケツではすくえない程度の量）の排出には、自動車洗浄用の大型のスポンジが威力を発揮します。

予備燃料タンク

エンジン内蔵の燃料タンクの容量は1リットル前後しかありませんので、出航時には満タンにし、安全のため最低でも2リットル程度の予備燃料を積み込みましょう。予備燃料タンクにはガソリン用の消防法適応品を使用しましょう。ペットボトルなどを予備タンク代わりに使用する人がいると聞きますが、大変危険なので絶対にしてはなりません。

なお、持ち込む燃料の合計（内蔵タンクの燃料+予備タンクの燃料）は、その日の使用量の1.5倍程度が望ましいでしょう。その量を決めるには、そのエンジンが常用の回転数で走行した場合の時間当たりの燃料消費量を知っておく必要があります。なお、エンジンの常用回転数は最高回転数の7～8割とされていて、それより回転を上げると消費量は驚くほど大きくなるため、回転数の管理は重要です。

揺れているボート上でも予備燃料タンクからの給油が確実に行なえるよう、タンクサイズはできるだけ小型にし、灯油用のポンプではなく「象の鼻」状の給油パイプを使用しましょう。

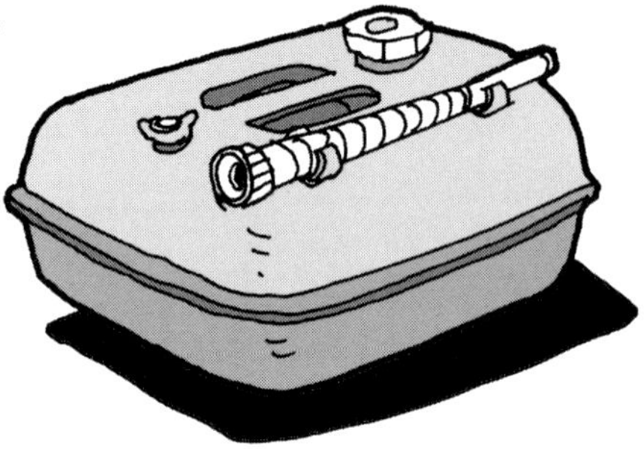

予備燃料のタンクはできるだけ小型のものを選び、「象の鼻」状の給油パイプを使用

オールとクラッチ

オールはクラッチ（漕ぐ場合の支点となる部品）なしでは漕げないため、セットで取り扱いましょう。通常のクラッチでは、開口部の上部を針金や細ひもでを繋いでおくとオールからの脱落が防げます。またクラッチ下部の小穴に針金を通して輪を作り、その輪に細ひもの先端を結んでボートの一部に繋いでおくと外れ落ちません。

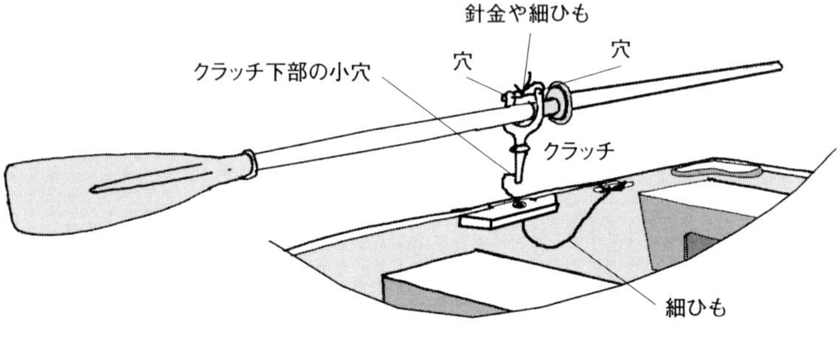

アンカーとアンカーロープ

アンカー(錨)は海中に降ろして海底に食い込ませ、ボートが風や潮流などで流されないように固定しておくための道具で、ロープによって船体に結ばれます。また漂流時には、水中に垂らしておくだけでも抵抗になるため、風による漂流速度を下げる効果があります。

アンカーにはさまざまなな形や大きさのものがありますが、ミニボートは小さくて軽いため、風や潮流がよほど強くない限り2〜3キログラムの小さなダンフォース型アンカーで十分でしょう。

アンカーロープの取り付け方

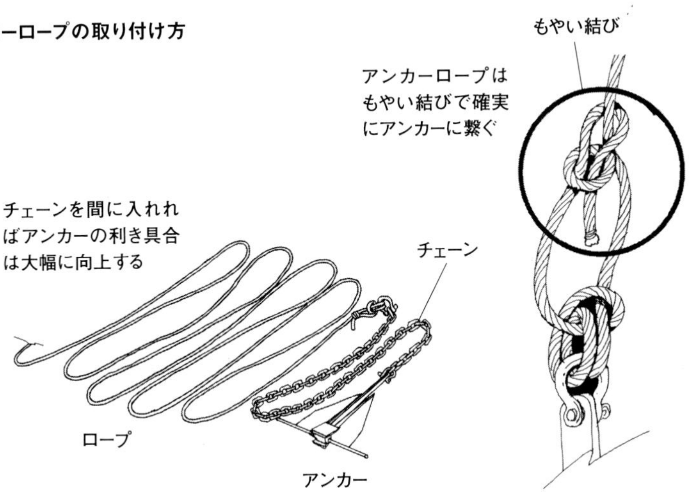

アンカーロープの長さ

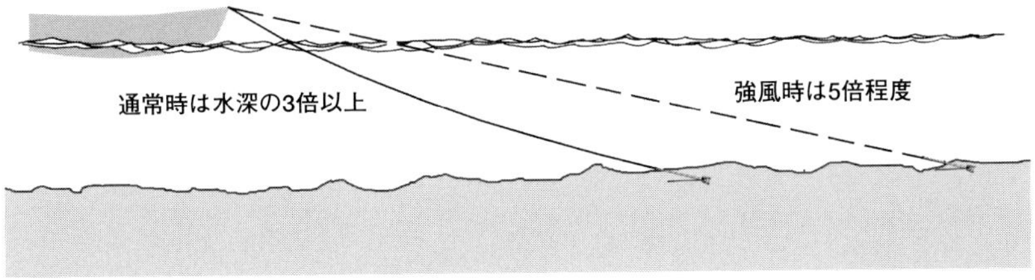

アンカーロープは太さ5〜8mm程度(これより細いと絡んで扱いにくい)が適しています。ロープの長さは使用する水深の3倍程度とされているため、海底の深さが10m以内の海域で使用する場合は30m程度で十分です。あまり長いとボート上での整理に手間取り、いざアンカーを入れようとしたらロープが絡んで繰りだせなくなることもあります。

アンカーにアンカーロープを取り付ける場合は前頁の図のような結び方によって確実に結んでください(39頁「最も確実なロープの結び方」参照)。

[ワンポイントアドバイス]

ミニボートの海岸からの流出事故が頻発しています。海岸に上陸してしばらくボートを波打ち際に置いておくなどの場合は、陸上の固定物に係留ロープを取るか、アンカーを砂浜にしっかり食い込ませるなどしてボートの流出を防ぎましょう。

アンカーの抜き方

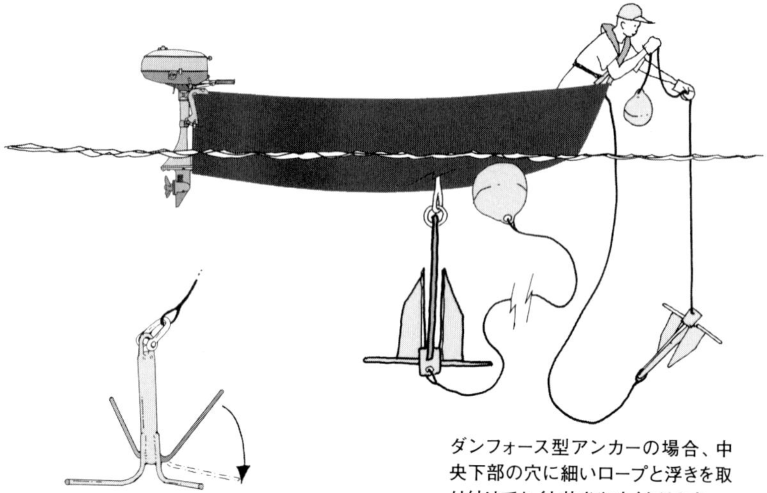

ダンフォース型アンカーの場合、中央下部の穴に細いロープと浮きを取り付けておくと抜きやすくなります

軟鉄製のグラップネルアンカーは海底に食いこんでしまっても、強く引くと爪が曲がって抜けてくる

岩場でのアンカー使用について

岩場や消波ブロックなど、通常のダンフォース型アンカーが引っかかって抜けなくなる可能性のある場所では、軟鉄製のグラップネルアンカー（四つ爪アンカー）を使いましょう。グラップネルアンカーが根がかりした場合、ロープを手繰り寄せて上から強く引くと軟鉄の爪が曲がるため、容易に抜くことができます。

また、22頁の図のようにダンフォース型アンカーの中央下部の穴に細いロープと浮きを取り付けておくと簡単に抜くことができます。

アンカーの代わりにコンクリートブロックなどを使っているボートもありますが、重さのわりに効果が薄いためお勧めできません。

係留ロープ

係留ロープはボートを岸壁に係留したり、海上で他のボートに繋ぎ止めたり、他のボートに曳かれたりするときに用いる大切なロープで、ミニボート用としては太さ5〜8mm、長さ20m程度が適しています。

一端をバウアイに結び、ボートの中に整理しておきましょう。ボートをルーフキャリアに載せて運ぶ場合は、このロープを車の前部に結んで固定します。

係留ロープで繋がれたボート

係留ロープはボートを
ルーフキャリアに固定
するときにも使われる

ロープの端末処理

ロープをナイフなどで切断したら、切った端がバラバラにならないよう次のように端末処理を行いましょう。

·ライターの火で端末を溶かして処理する方法――高温の炎を出す電子着火式ライター（点けるとシューッと音立てて燃えるタイプ）を使えば、ロープの先端を素早く溶かしてまとめることができる。溶けた先端に触れると火傷するので要注意。

·ビニールテープによる端末処理――長いロープを途中で切断するときは、事前に切断部にビニールテープを巻き、その中心で切断すれば両方のロープの切れ端が同時に処理されるため効果的。ただし、ビニールテープは紫外線で劣化するので、長期にわたって使用する場合は、ライターの火で端末を溶かして処理する方法を用いる。

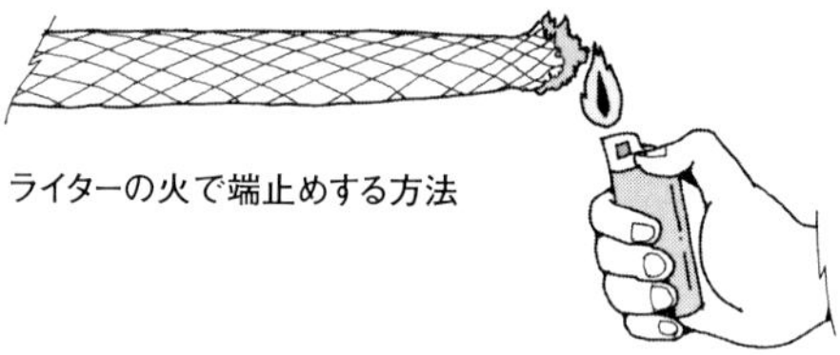
ライターの火で端止めする方法

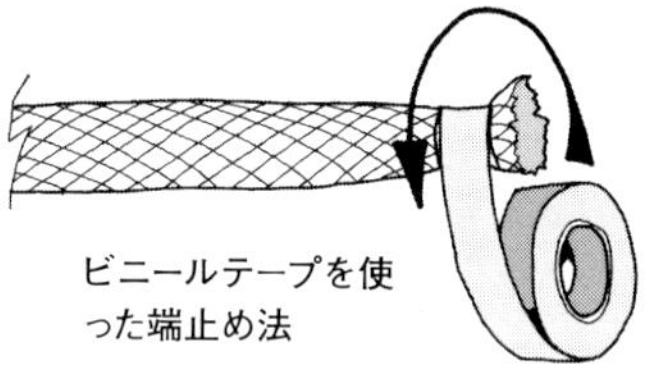
ビニールテープを使った端止め法

スターンアイの取り付け

ボートにスターンアイが装備されていない場合は、取り付けをお勧めします（ボートのタイプによっては取り付けられない場合もある）。スターンアイは係留などにとても便利です。

必要なものはステンレス製アイプレート（2個）、固定用ボルトナットとワッシャ（ホームセンターで入手可能）です。

取り付けは次の手順で行いましょう。

トランサムの外の左右両舷側に1個ずつ、ボルト·ナットによって取り付けます。取り付け個所は、船尾上部の左右です。通常は該当部分の内側にしっかりした木片を添え、ドリルでトランサムと木片を貫通する穴をあけた後、ワッシャを通してボルト・ナットにより固定しますが、ボートの構造よって異なることもあるため工夫して取り付けてください。

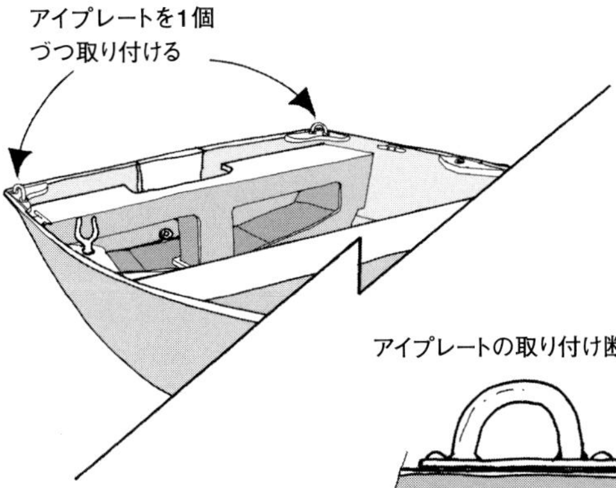

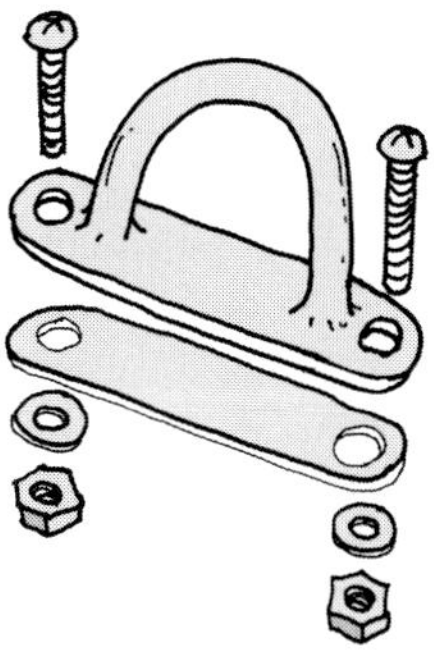
アイプレートのパーツ

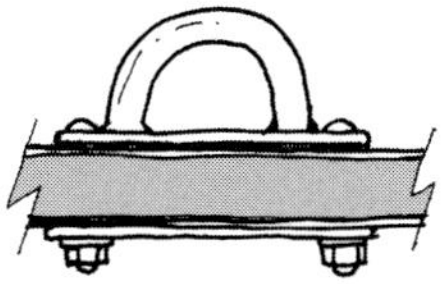
アイプレートの取り付け断面

携帯電話

緊急事態が発生し、海上保安庁や警察などに救援を依頼するとき用いる重要な連絡用機材です。理想は防水式ですが、通常は防水ケース(防水性のビニール袋)に入れて対応します。

■携帯電話、使用上の注意点——

・落水した場合、電話機は防水ケースに収納したままボタン操作できるものでなければ役立たない。

・海上での救援は、自動車救援のJAFの迅速さとは異なり、依頼後かなりの時間がかかることを覚悟しなければならない。

・携帯電話は船内に置くのではなく、ライフジャケットのポケットに入れるなど、常時、身につけておく。

・その水域が携帯電話の通信可能域かどうかを事前に確認する。

［ワンポイントアドバイス］

防水性のビニール袋としては、冷蔵庫の食品保存用が大変便利です（使用時はきっちり締めること）。安価なので毎回新品を使うこともできます。

ビニールケースに
入れた携帯電話

ボート内を安全にする

ボート内に尖った部分やささくれがあると、手足に思わぬ怪我をします。必要な備品を装備し終わったら、全体を素手で軽くなでて、危険な突起や鋭い断面などがないかをチェックしておきましょう。

■チェックの要領は――

・ボートの縁の内側、座席の裏側など目に見えない個所もチェックする。
・尖ったりささくれた部分はヤスリで丸く削っておく。
・尖った部分を丸くできない場合は、直接手足に触れないよう、ガムテープを数枚重ね貼りしておく。
・針金の端は曲げておく。
・刃物（包丁、ナイフ、ハサミなど）は必ずケースに入れ、不用意に触れない場所に収納する。

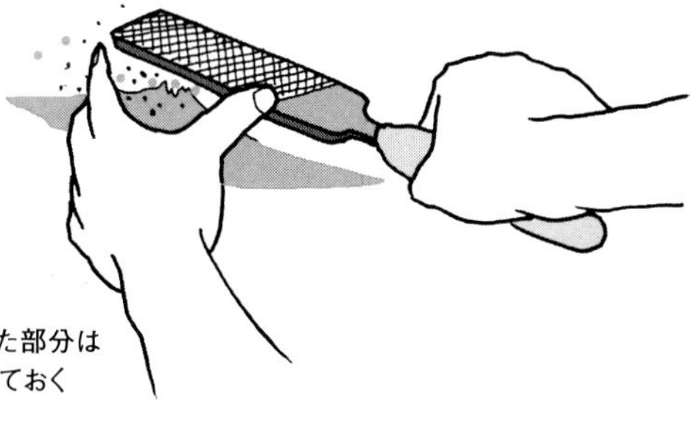

尖ったりささくれた部分は
ヤスリで丸く削っておく

Mini
［ミニボート入門］
Boat

PART 2

出航前の準備

ボートと船外機を現地まで運ぶ

ここではFRPボートと船外機を家から自家用車で港や海岸などまで運ぶ場合について説明しましょう。ボートはルーフキャリアに載せ、エンジンは荷物室またはトランクに入れて運ぶことにします。

ボートを運ぶ

船首を前に向け、船底を上にしてルーフキャリアに載せます。船首と船尾のアイにつけられたロープを車体のバンパー金具に結び、ルーフキャリアには前後左右からロープを回して固定します。ロープは細めのほうが縛りやすく緩みにくいですが、十分な強度も必要となります。

■ボートを運ぶときの注意点

・ボートを車体に確実に固定し、走行中は緩みがないかをときどきチェック。

・車全体の重心と風圧中心が高くなるため、通常走行時より車の安定性は低下する。スピードの出しすぎと横風に注意して運転。

・前後左右をそれぞれ各2個所以上で固定し、どのロープが切れたり緩んだりしても他のロープによってボートを支えられるよう工夫する。

船外機を運ぶ

船外機を車に載せる前に、給油キャップのエアバルブと燃料コックが閉じているかどうかを必ずチェックしましょう。

立てた状態で積み込むのが理想的ですが、寝かせて積むときはエンジン取扱説明書に示された方向に向け、エンジン頭部をプロペラより十分高くして置いてください。プロペラをエンジン頭部より高く置くと、船外機内に付着した水が逆流して浸入するため、エンジン内部を傷めることがあります。

また、車が走行中に船外機が動かないようしっかり固定しなければなりません。

[ワンポイントアドバイス]

船外機を毛布などの厚めの布でくるんでおくと、万が一燃料が漏れ出しても、少量なら車内を汚すことはありません。運転中に少しでも燃料の臭いがしたら、停車して燃料漏れをチェックしましょう。

寝かせて積むときはエンジン取扱説明書に示された方向に向けて置く

ボートを水辺まで運ぶ

ボートを海岸や港の近くまで運んでも、下ろした後はほとんどの場合、人手を使って水辺まで運ばなければなりません。二人がかりなら、この作業はさしたる問題になりませんが、一人の場合は大仕事となります。

そのような労力を軽減するための搬送用具が販売されています。これらはボート販売店で入手できますが、工夫すれば自分にあったものを自作することができます。

［ワンポイントアドバイス］

地面やコンクリートの上では絶対にボートを引きずらないでください。たとえ短距離でも船底を傷めます。

■小型軽量の車輪付き船台

これがあれば移動は大変楽になりますが、長さがボートに近いため、そのままでは車に乗りません。車に積むには折り畳み式や分割式に改造しなければなりません。

■ドーリー付きボート

ドーリーと呼ばれる運搬用ホイールを装備したボートです。トランサムの左右の金具にホイールを取り付け、船首側を人が持ち上げて移動させることができます。ホイールはボートを水に浮べてから引き上げます。

■敷板

地面に木やゴムなどの敷板を置き、その上を引きずりながら滑らせれば、ボートを傷つけずに移動できます。ミニボートなら重量も軽いため一人でも扱いが簡単です。滑りが悪いときは表面に水をかければ滑りやすくなります。

敷板を数枚用意し、引きずる方向に順次並べ替えながら行えば、一人でも簡単にボートを移動させることができます。

ボートと船外機を保管する

ボートと船外機は、保管前に付着した塩分や汚れを真水で洗い流しておきましょう。

ボートを保管する

ボートはカバーをかけて床や地面に伏せ、移動しないようロープによって杭や柱などにしっかり固定しておきましょう。それを怠ると強風でボートが飛ばされ、思わぬ被害を発生させることがあります。

［ワンポイントアドバイス］

伏せて置いたボートの上に人が乗ったり腰掛けたりすると、船底が破損することがあります。それを防ぐ適切な対策を講じておきましょう。

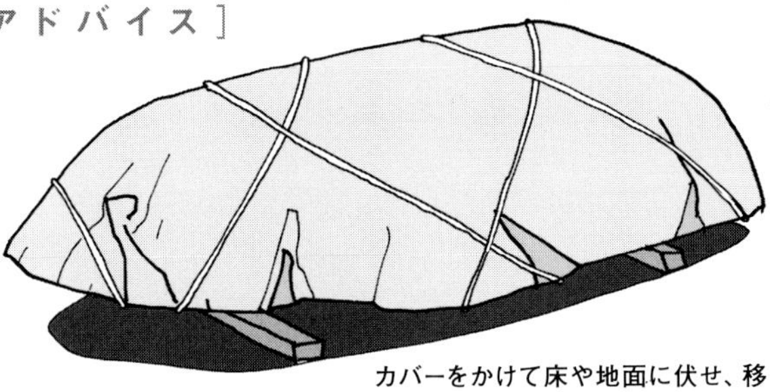

カバーをかけて床や地面に伏せ、移動しないようロープでしっかり固定

船外機を保管する

まず、船外機の冷却水の流路と外部を真水で洗浄して塩分や汚れを取り除きます。水気が十分乾燥するのを待って専用スタンドに立てかけ、カバー(ビニールより布のほうが湿気が抜けてよい)を被せたうえ、通気のよい乾燥した日陰に保管しましょう。

寝かせて保管する場合は、必ず指定の方向に向けてエンジン頭部がプロペラより十分高くなるように置いてください。錆び付き予防には、防錆スプレーの使用が効果的です。その他、メーカー取扱説明書の記載内容にそって保管前の処置を施しておきます。

[ワンポイントアドバイス]

長期間エンジンを使用しない場合は、タンクから燃料を抜き取った後、自然に停止するまでエンジンを作動させ、内部にガソリンが残らないようにしておきましょう。この作業は陸上で行ないますが、水冷式エンジンでは必ず冷却水を通しながら行ってください(60頁「帰港後の後片付け」参照)。

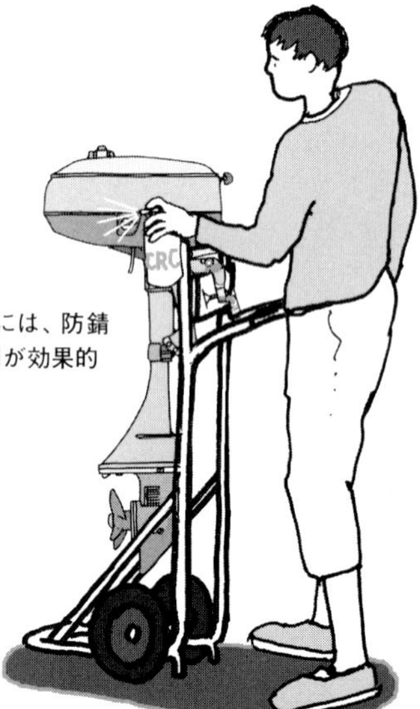

錆び付き予防には、防錆スプレーの使用が効果的

目的とする海域を調べる

目的とする海域を決め、その状況(潮の流れ、好天時の風や波の状態、周囲の地形、港や海岸の位置、岩場の有無など)を海図を用いたり、現地に行ったりして確認します。

同じ海域でも、風のないとき、あるとき、風が海から吹いているとき、陸から吹いているとき――などによって海の様子は大きく変わります。さまざまな状況での海を知るには、現地にたびたび足を運ぶことが最良の方法です。

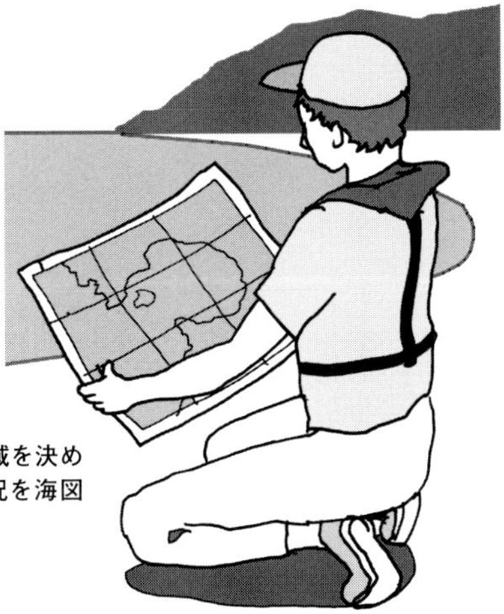

目的とする海域を決めたら、その状況を海図を使って確認

自宅で海況予測

自宅付近は静かだったのに海に来てみたら、荒れていて出られない――などと言うことがよく起こります。そんな無駄足を踏まないないよう、次の方法で事前におおまかな海の状況を予測してください。

・テレビやラジオの天気予報:大まかな天気を調べるのに役立つ。

・電話の天気予報(市外局番+177):比較的限られた地域(例えば、○○県東部、○○地方など)の天候や波高を知らせてくれる。

■自分で天気予報――

家の周囲の木々の揺れ具合で、風速、風向を予測することができます。ただし、天候は局地的に異なることが多いため、あくまで参考情報にとどめてください。また、上空の雲の流れが目視で確認できるほど速い場合は、たとえそのとき風がなくても、後に風が出る可能性があります(114頁「観天望気」参照)。

家を出発する前の準備をする

ボートと船外機以外にも下記のような備品が必要になります。せっかく海辺についても、忘れ物をしていたら海に出ることができなくなります。

・オールとクラッチ(1対)
・船外機なら予備のスパークプラグ、シアピン、プラグレンチなどの工具、燃料(エンジンの燃料タンクを満タンにしたうえ、予備燃料を用意)
・バッテリー船外機なら充電済のバッテリーや必要工具
・排水用バケツと大型スポンジ
・係留ロープ
・アンカー(ロープ付き)
・ライフジャケット(確実に着用できるかどうかを確認しておく)
・ナイフ、包丁などの刃物(アンカーが抜けなくなったときのロープ切断にも必要。刃物は必ずケースに入れ、裸のままでボート内に持ち込むことは厳禁)
・懐中電灯(防水、小型で強力な光を出すもの)
・その他(ボートや船外機を洗うための真水入りポリタンク、カッパ、長靴、雑巾など)
・磁気コンパス、携帯電話

[ワンポイントアドバイス]

・毎回必ず持参するロープや小物や備品は、ひとまとめにしてバケツに入れて保管すると、忘れ物がなくなる。

・家を出る前に家族や友人に行き先を伝えておく。

出航前の陸上での準備

ボートを水に浮かべる前に、積み込み品や備品の取り付け具合を確実にチェックしてください。それを怠ると、海に出てから物がなくて困ったり、物を海に落としたりして思わぬトラブルを引き起こします。

クラッチをボートに繋ぐ

細ひもを付けたクラッチを右舷と左舷の穴に差し込んだら、抜けないようひもで船体に結びつけます。左右のひもを船底に長くはわせたうえ、船体中央付近で結んでいるボートもありますが、体の移動時にひもが足に絡んで邪魔になるため、この方法は避けたほうがいいでしょう。

オールはクラッチにはめた状態でグリップ側をボートの外に出し（ブレード側を中に入れる）、船内に十分引き込んでおきます。こうすれば、ボートを水面に降ろす作業の邪魔になりません。

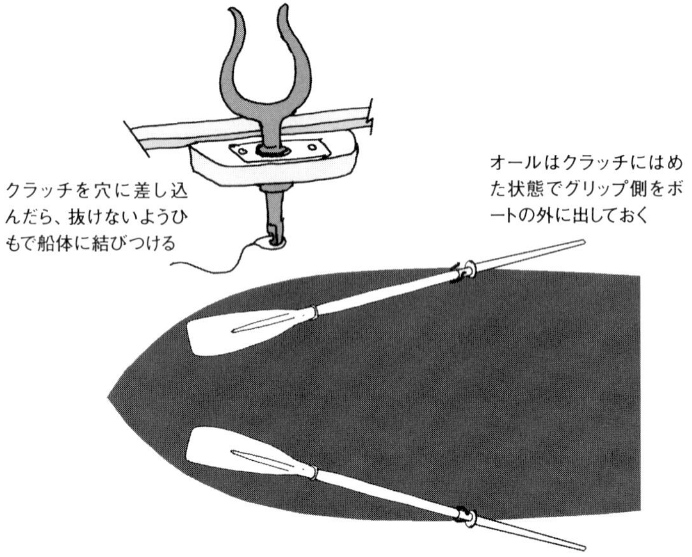

船外機をボートに取り付ける

取り付けは次の手順で行います。

①船外機をトランサムの中心に垂直に取り付ける。

②クランプをしっかりと締めつける。

③取り付け状態を確認するため、プロペラ付近を手でつかみ船外機全体を揺らす。

④船外機をチルトアップしてロックを掛け、船外機が自重で降りないようにする。

⑤船外機をできるだけ短いロープでスターンアイなどに結んでおく。シアピン交換などで船外機を外すとき、このロープがあれば誤って海中に落とすことはない。

船外機をボートに取り付ける手順

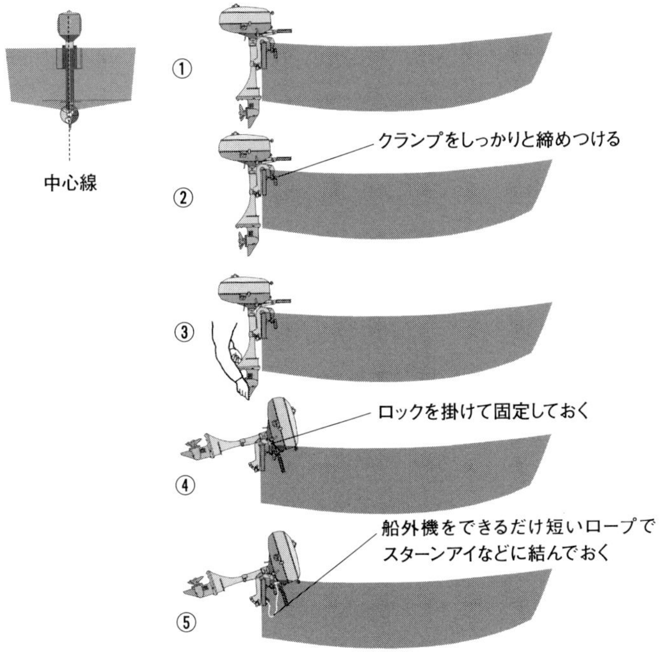

係留ロープとアンカーを繋ぐ

①係留ロープとアンカーロープの両方をバウアイに繋ぐ。
　アンカーロープをボートに繋ぐことを忘れてアンカーを打つと、アンカーがロープごと海中に「さよなら」することになる。くれぐれもご注意を!!
②アンカーロープを船首付近に整理しながら取り込む。
③アンカーをロープの束の上に置く。
④係留ロープをアンカーロープと分離して整理し、取り込む。

[ワンポイントアドバイス]

ロープ、釣り糸、ひもなどが船外に垂れているとプロペラに絡み付いてトラブルの原因になります。それを避けるため、これらは確実に船内に取り込んでおきましょう。

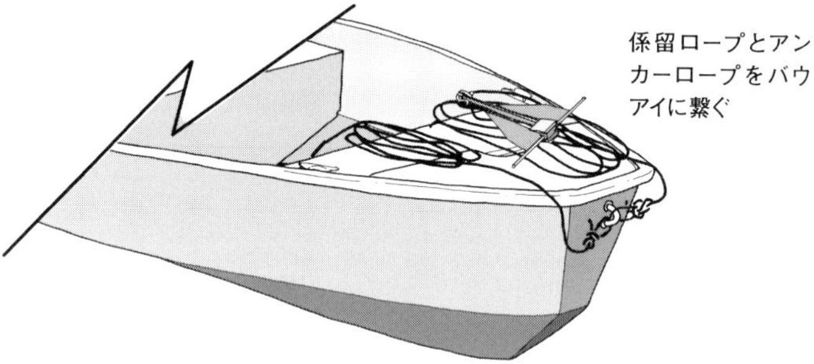

最も確実なロープの結び方

　船で使うロープの結び方(ロープワーク)は多種多様ですが、その共通点は「使用時には解けず、解きたいときは簡単に解くとができる」ことです。ここでご紹介するもやい結び(ボーラインノット)は「結びの王様」と呼ばれる確実な方法で、これさえ知っていれば、アンカーとアンカーロープ、バウアイと係留ロープ、係留ロープと桟橋の係留金具、ロープ同士などの結索に威力を発揮します。
　自己流の不確実な結び方は張力によって解けたり切れたりることがあり、

思わぬトラブルの原因となります。もやい結びの結び方を下図に示しますが、この結び方だけは必ず覚えておきましょう。

もやい結びの手順

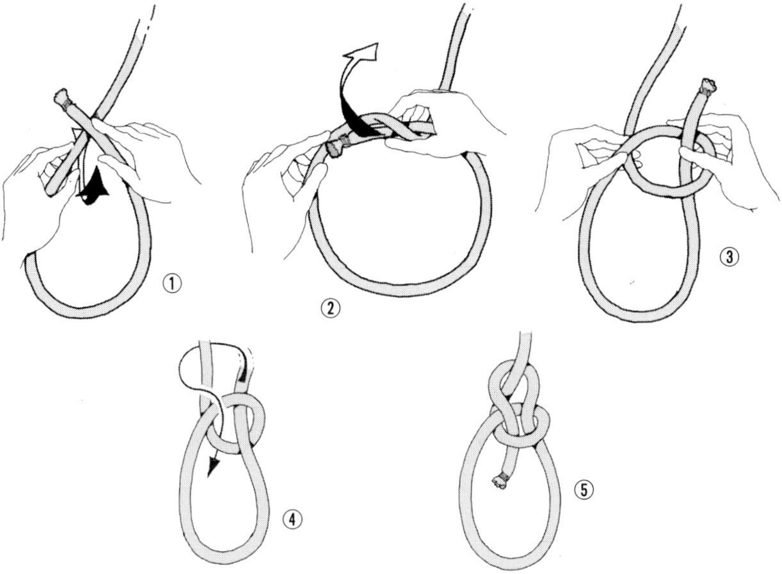

備品などを積み込む

備品類は、使う頻度や重さのバランスに配慮して他の道具(釣り道具、クーラーなど)と一緒にボート内に整頓しておきましょう。特に二人乗りの場合は船内が狭くなるため、各人の所持品はそれぞれの身近な場所に置きましょう。

備品の配置例

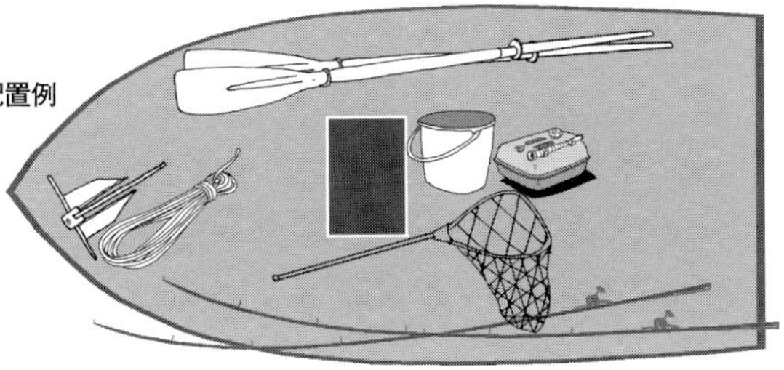

［ワンポイントアドバイス］

釣り竿は、釣り場についたらすぐに使えるよう、オールの使用に邪魔にならない場所に設置したロッドホルダーに立てておきましょう。海に落ちないよう細ひもでボートに繋いでおくと安心です。

カッパを着る、長靴を履く

海上の狭いボートのなかでカッパを着たり長靴を履いたりするとボートが揺れて不安定になり危険です。必要な場合、それらはなるべく陸上で身につけておきましょう。

カッパ、長靴、ライフジャケットは陸上で身につける

ライフジャケットを着る

ボートに乗る前でも落水の危険はあります。そのため、ライフジャケットは陸上で着用したうえで出航しましょう。着用したらまずストラップが正しく確実にかかっているか、体を自由に動かすことができるかなどを確認しましょう。

［ワンポイントアドバイス］

携帯電話（防水ケース入り）はライフジャケットとともに、常に身に付けておきましょう。

二人で乗るときは事前に話し合う

船内での人の動きによってボートは不安定になります。不用意に体を動かすと船体が大きく傾き、落水や浸水の危険を生ずるため、二人で乗るときは事前に次のことについて話し合っておきましょう。

・ボート内で座る場所（一人が船外機を操作する位置、もう一人は船首寄りなど）。

・ボート内で移動する場合は、ボートが不安定にならないよう事前に声をかけて注意し、黙って急に移動したり立ち上がったりしない。

・体調、船酔いのしやすさなど。

二人で乗る場合は事
前の話し合いが大切

［ワンポイントアドバイス］

船酔いしやすい人は、海上に出て慣れるまでの間、遠くの景色を眺めていると船酔いが和らぎます。

出航前にもう一度確認

準備が完了したら、備品の忘れ物がないかどうかを再度確認しましょう。あわせて天候や海の状態も確認し、天候が悪くなりそうなら、この段階でも躊躇なく出航を断念しなければなりません。出航を断念した場合は、そのことを家族や友人に連絡しておきましょう。

トイレに行っておきましょう。ボート上で小用のために立ち上がるとボートが不安定になり危険です。

海に出る範囲を決める

安全のため次のことを考慮して行動範囲を決めましょう。

・船外機が動かなくなってもオールで漕いで帰ることができる範囲

・天候が急変しても、ボートを短時間で出発地や近くの安全な港・海岸などに着けられる範囲

以上を考えると、行動範囲はボートが安全に着けられる港や海岸からせいぜい数百メートル以内の場所に限定されます。

行動水域は港や海岸などから数百メートル以内のところ

[ワンポイントアドバイス]

海が静かで天気がよいと、つい水平線に向かって走りたくなりますが、そんな気持ちをグッと抑えて絶対に岸から遠く離れないよう行動してください。

方角の確認

その日の水域スポットからどの方角にどのような目標物（山、灯台、煙突、高い建物など）があるかを事前に把握しておきましょう。

天気予報で「南の風が吹く」と聞いたときに、どの目標物の方角から風が吹いてくるのか、自分のボートが風によってどの方角に流されるのかを知っていなければなりません。なお、流される方向については潮流の影響もあるので、一概に風向だけで判断することはできません。

また方角を確認できていれば、万が一救助を依頼するときに、自分の位置を「○○崎の北東△△キロメートル」などと説明することができます。

なお、方角の確認にはコンパクトな磁気コンパスやポータブルGPSが便利です。陸上の目標物や水域スポットは、事前に海図や地図で確認しておきましょう。

方角の確認にはコンパクトな磁気コンパスやポータブルGPSが便利

Mini
「ミニボート入門」
Boat

PART 3

ボートの取り扱い

ボートと船外機の取り扱いに慣れる

出航準備が完了したら、自分のボートが水上でどのような動きをするかを確認し、必要な操作に慣れておきましょう。

水に浮かべる前の陸上での確認

水に浮かべる前にボートに乗って、次の手順で感触を確かめましょう。
①ボート中央の座席に船尾方向を向いて座り、左右のオールの把手をつかんで漕ぐ姿勢を取り、オールを動かして漕いでみる。
②船外機を操作する位置に座り、船外機のハンドルを握って感触を確かめる。
③なるべく重心を低くしながら船首方向へ移動し、アンカーを投入する姿勢をとってみる。

エンジンを陸上でかけておく

エンジンを陸上でかけておくと、海上での始動が容易になります。また、エンジンが確実にかかることが確認できるため安心です。陸上でエンジンの始動を確認したら、数秒以内に停止させます（60頁「帰港後の後片付け」参照）。水冷式エンジンの場合、冷却水が通らない状態での始動は厳禁です。

ボートを水に浮かべる

通常ボートは船尾から水面に押し出します。その手順は次の通りです。
①船外機がチルトアップされていること、オールのブレードが両側とも船内に入っていることを確認。
②係留ロープを握り、船首を手で押しながら船尾を一気に水面に押し出す。
③完全に浮かんだことを確認。船台を使っている場合はそれを陸上に引き上げる。この時点ではまだボートに乗り込まない。
④束にした係留ロープの端をしっかりと握って無人のボートを押し出し、岸から少し離した後に浮かび具合を確認。左右のバランスが取れていて、船首が船尾より少し高ければOK。

［ワンポイントアドバイス］

ボートを水に浮かべるには、風の弱い静かな水面が必要です。

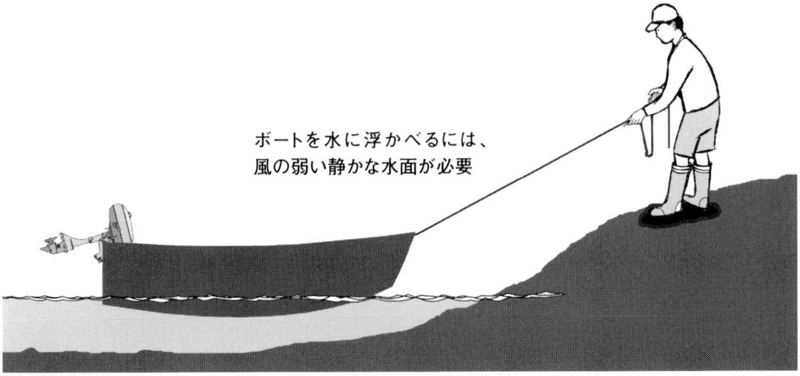

ボートを走らせる

ボートは軽いので、乗り降りするときにぐらついたり移動したりするので注意しましょう。

［ワンポイントアドバイス］

あらかじめ陸上で行った乗り降りの手順を思い出してください。

離岸

水に浮かべたボートに一人で乗る場合の手順は次の通りです。
①船底が海底から少し離れる位置までボートを押し出す。
②係留ロープを束ね、片手で端をつかんで持ち、ボートを押さえながら、一気に乗り込み、そのまま船尾方向を向いて素早く中央のシートに座る。
③乗ったらすみやかにオールを握り、ブレードを軽く水面に置いた後に漕ぎ始める。
④この態勢で少し沖に漕ぎ出してからまっすぐ船尾方向に顔を向け、ボートがバランスよく浮いているかどうかを確認。船外機は、少し漕いで水深が十分深くなってから使用。

［ワンポイントアドバイス］

二人乗りの場合は、先に乗った人が完全に着座し、ボートの安定が確認できた後にもう一人が乗り込みます。

着岸

海岸や港のスロープに着ける場合は、おおむね次の手順で着岸します。
①波打ち際から少し離れたところでエンジンを停止し、船外機を引き上げてロックします（53頁「船外機をチルトアップ・ダウンする」参照）。
②オールを漕いで船首から岸に直角に乗り上げます。波打ち際が波立っているときは、船首を沖に向け、船尾側から岸に直角に乗り上げたほうが安全です。
③すぐに降りて、（特に波がある場合は）波が打ち寄せてもボートが動かなくなるところまでボートを引き上げます。

［ワンポイントアドバイス］

岸壁などに着ける場合はその高さを考えて着岸点を選びましょう。とくに干潮時には水面からの高さが高くなるので無理は避けてください。

ボートが軽いため、降りるときの反動でボートは岸壁から離れようとします。岸壁を手でしっかり捉えてボートを引き寄せ、腰を据えて上陸してください。

岸壁を手でしっかり捉えてボートを引き寄せ、腰を据えて上陸

オールの漕ぎ方

　ボートが岸から離れたらオールを漕いで沖に出ます。船外機が使えなくなったときは漕いで帰港しなければならないため、漕いだときの進み具合を確認しましょう。ゴムボートは漕いでも惰性がつきにくいため、長時間のオール漕ぎには向きません。

　ミニボートにとって、このオール漕ぎは重要な推進手段です。エンジントラブルの発生を念頭に、その日の行動範囲は漕いで帰港できる範囲に限定しましょう。

■漕ぎ方の手順

①座席の中心に船尾方向を向いて座り、左右のオールの把手を握る。

②オールを動かし、左右のオールがクラッチに完全にはまって滑らかに動くことを確認。

③オールのブレードが水面に対して直角になるよう水に浸ける。

④前進（後進）するときは、ブレードを水面から出したまま（把手の位置を低くしたまま）、把手を船尾（船首）方向一杯に動かしてから把手を上げ、ブレードを水につけた後に把手を強く一気に引き寄せる。この操作を繰り返す。

⑤右（左）方向に旋回するときは、右舷（左舷）のオールのブレードを水面に入れ、左舷（右舷）のオールだけで前進方向に漕ぐ。

[ワンポイントアドバイス]

・漕ぐときのオールの動かし方は、ボートが陸上にあるときに慣れておきましょう。

・急に旋回したいときは、旋回したい側のオールを水に入れたまま、反対のオールを前進方向に漕ぎます。

・その場で旋回したいときは、同時に旋回したい側のオールを後進方向に、反対のオールを前進方向に漕ぎます。

オールを漕ぐ手順

オールのブレードを水面に対して直角になるよう水に浸ける

ブレードを水につけた後に把手を強く一気に引き寄せる動作を繰り返す

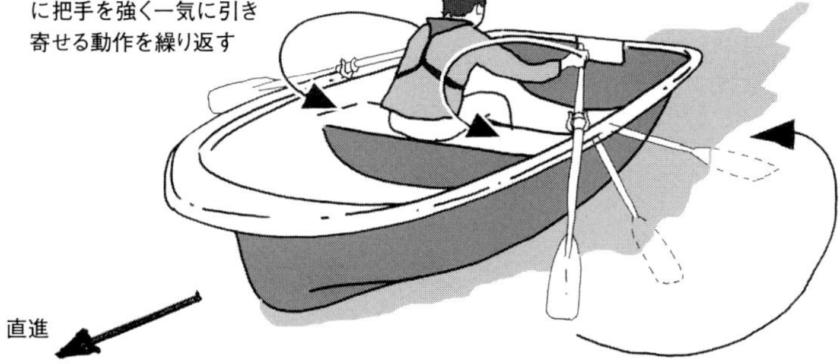

右舷（左舷）のオールのブレードを水面に入れ、左舷（右舷）のオールだけで前進方向に漕ぐと右（左）方向に旋回する

安定性を確認する

ミニボートは軽くて小型のため、乗員の体重移動や姿勢に敏感に反応します。体重の重い人が座る位置を少し変えただけでもボートの姿勢が変わり、背の高い人が立つと重心が上がり、不安定になります。

波やうねりのある海面では、ボートの安定性は大きく低下します。また、立っているときに不意にうねりがきてボートが不安定になることもあるので、十分注意しましょう。

静穏な水面で座る位置を移動したり、立ち座りして、ボートの安定性をチェックしてみましょう。ボートを大きく揺すったり、浸水寸前まで傾斜させたりして、そのボートがどの程度まで安定性があるかを確認することは、安全上とても重要なことです。

船外機をチルトアップ・ダウンする

船外機を操作するときは、船尾の少し右舷側に腰掛けます。船外機のチルトアップ・ダウンはシートに座ったまま、左舷方向を向いて左手で行ないます。

チルトアップする前にはエアバルブと燃料コックを閉じ、引き上げたらすぐにロックをかけ、自重で落下しないよう注意してください。チルトダウンしたら忘れずにエアバルブと燃料コックを開きましょう。

緊急停止スイッチ用コードを装着する

エンジンを始動する前に、緊急停止スイッチ用コードのクリップを船外機の緊急停止スイッチに、コードの一方の端を左の手首または衣服の一部に繋ぎます。エンジン作動中にこのコードを強く引くと緊急停止スイッチからクリップが外れ、エンジンを強制的に停止させることができます。

このコードを体に繋いでおかないと、万が一、走行中に操縦者が落水した場合、ボートはそのまま無人で走り続け、落水者は海上に置き去りにされます。このコード(スイッチ)はそのような事故を防止する重要な安全装置であるため、船外機での走行時には必ず手首や衣服に繋いでください。

［ワンポイントアドバイス］

走行中に不用意に体を動かすと、このコードのクリップがスイッチから外れて船外機が停止することがあります。

このコードのクリップがスイッチから外れているを忘れて、エンジンを始動させようとしてもかかりません。それを故障と早合点して慌てないようにしましょう。

エンジンを始動する

エンジンの始動は次の手順で行います。

①係留ロープなどのロープが船外に垂れていないことを確認。

②左舷後方を向いてエンジンをチルトダウンし、エアバルブと燃料コックを開き、片手でエンジンを押さえながらもう一方の手でスターターロープを引く。エンジンの始動は取扱説明書に従って行う。

始動時は次のことに注意しましょう。

・エンジンの始動はなるべく座った状態で行う。

・ミニボートのエンジンにはクラッチがなく、エンジンを始動するとそのままプロペラが回転するものもある。そのようなエンジンでは、始動と同時にボートが動き出すので、船首前方の安全確認が重要。付近にボートや泳いでいる人がいる場合は、オールを漕いでボートの向きを変え、安全を確認した後にエンジンを始動する。

・チョークを引いて始動する場合は、暖機時の始動より始動回転数が高くなるため、クラッチのないエンジンでは特別の注意が必要となる。

［ワンポイントアドバイス］

取扱説明書に書いてある基本的な操作方法をよく読んでおきましょう。

船外機で走る（前進、後進、旋回）

以下の順序でボートの走り具合を確認しましょう（バッテリー船外機の場合も、以下の方法を参考に行う）。

①エンジンの回転数を上げて前進。

②特にうねりや波がなければ、エンジンの回転を一杯に上げて、ボートの走り具合をチェック。うねりや波がある場合は、ボートがピッチングして走りにくくなるため、適度に速力を調整する。

③右、左に旋回。

④エンジンの回転数を落とし、船が止まったら後進。クラッチのない船外機ではハンドルを180度回転させて後進。

⑤低速で後進しながら、ハンドルを左右に回して後進旋回をチェックする。速度を上げたまま後進すると、船尾から水が乗り越えて入ることがあるため、後進時のエンジン回転数は控え目に。

［ワンポイントアドバイス］

走りながらエンジン音を聞き、正常な音を憶えておきましょう。通常の使用中に、それと異なった音が聞こえたら、何かの異常が起きていると考えましょう。

アンカーを打つ

アンカーロープの端が船首のバウアイなどに結んであることを確認したら、次の手順でアンカーを打ちましょう。アンカーを打ってもボートは風や潮流によって動くため、目的の位置にボートを止めるには、かなりの慣れが必要となります。

①ボートを目的の位置に止める。

②ボートが風や潮流でどの方向に流されるかを確認するため、しばらくそのまま待つ。風向と潮流の向きが異なると、ボートは思わぬ方向に移動する。

③流される方向の反対方向(上流方向)にボートを移動させる。移動距離は主に海底の深さで決まり、深いところほど移動距離を長くする。

④船首方向を向き、片手でアンカーロープを軽く握り、他方の手でアンカーを投入した後、ロープを滑らかに繰り出す。アンカーをロープに絡まさずに落下させることが重要で、うっかり絡めてしまうと、それを解こうとしている間にボートが流され、目的位置に止められなくなる。

⑤アンカーが海底に着くとロープの張りが緩む。

⑥ボートを流れにまかせ、徐々にロープを繰り出し、目的の係留位置にきたらロープの繰り出しを止める。海が静穏の場合、繰り出すロープの長さは水深の3倍が適当。少し風があり、波立っている場合は5倍まで伸ばす。

⑦次にロープを少し強めに引き戻しアンカーを海底に食い込ませる。確実に食い込んだことを確認したらロープを船体に固定。

⑧しばらく待ってボートの位置が変わらないかどうかを確認。アンカーが利けば、アンカーロープは船首尾線とほぼ一直線になる。

[ワンポイントアドバイス]

すでにアンカーを打っている他船の近くではアンカーを打たないよう心がけましょう。他船のロープと交差すると相手に迷惑がかかります。

アンカー着底後にロープを船体に固定したうえボートを後進させると、アンカーをより確実に海底に食い込ませることができます。なお、アンカーは形や重さ、アンカーロープの長さ、海底の土質などにより利き方が大きく異なります。

アンカーの打ち方

ボートが風や潮流でどの方向に流されるかを確認するため、しばらくそのまま待つ。風向と潮流の向きが異なると、ボートは思わぬ方向に移動する。

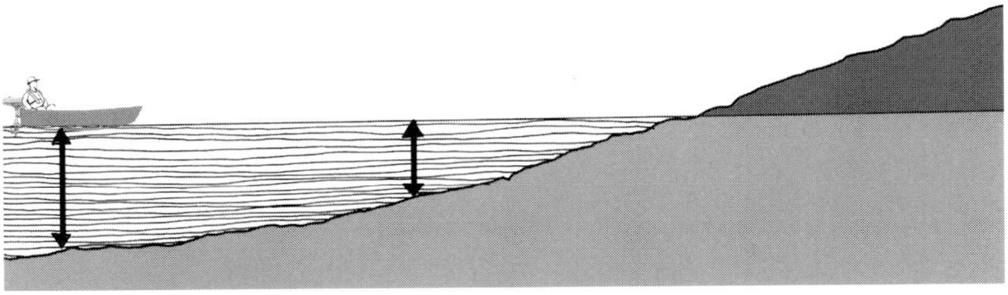

流される方向の反対方向（上流方向）にボートを移動させる。移動距離は主に海底の深さで決まり、深いところほど移動距離を長くする

アンカー着底後にロープをバウアイに固定したうえ、ボートを後進させるとアンカーをより確実に海底に食い込ませることができる

アンカーを引き上げる

船首方向を向き、なるべく船首に近い場所でアンカーロープを取り込みます。取り込み位置が船尾に近いほど、ボートはアンカーロープの方向とは別の方向に進み、取り込みにくくなります。ロープは取り込みながら順序よく重ねてゆきましょう。

アンカーが水面まできたら汚れを落とし、船体に当てないように取り込んだ後、重ねたロープの上に置きます。

［ワンポイントアドバイス］

アンカーが海底に食い込んで抜けない場合に強くロープを引くと、ボートが小さいために船首が下がって浸水を招くおそれがあります。そのような場合は、一度アンカーロープをいっぱいに張ったままバウアイに縛り、船尾方向に体を移動するとテコの原理で船首が上がり、その力でアンカーが抜けることがあります。それでもアンカーが抜けない場合は次頁の「アンカーがどうしても抜けない場合」を参照してください。

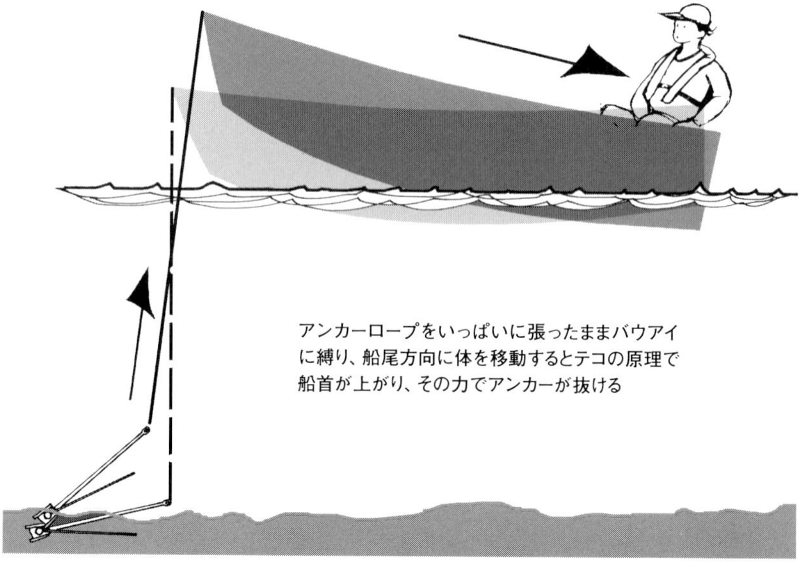

アンカーがどうしても抜けない場合

アンカーは、海底の泥に強く食い込んだ場合だけでなく、海底の岩や障害物（廃棄された漁網など）に引っかかった場合も抜けなくなります。そんな場合に無理して抜こうとするとボートが傾いて舷側から浸水する危険があります。

ブレードの柔らかい小型のアンカーでは、ロープを強く引くと変形して抜けることもありますが、変形したアンカーをそのまま次に使うと、回転して海底から外れ抜けることがあります。変形はハンマーなどでていねいに修正しておきましょう。

また、近くの他船に頼んでアンカーを抜いてもらうのも一法です。

どうしても抜けず、他船の力も借りられない場合は、次の手順でナイフなどを使ってロープを切り、アンカーを放棄しなければなりません。

①ボートが傾いて舷側から浸水しない程度までロープを引き上げる（うねりや波がある場合は特に注意）。

②手が届く限り深いところでロープを切断。

切ったロープの端が海面近くを漂うと、他船のプロペラに絡まって危険です。また、放棄したアンカーやロープは海底の障害物となって海中に残り、釣り針が引っかかるなどして他に迷惑を及ぼすことがあります。

帰港後の後片付け

次回の使用に備え、後片付けはキチッと行ない、その最中に不具合個所の有無をチェックしましょう。

エンジンを真水で洗う

エンジンはボートに取り付けたまま全体(特に外に出ている金属部分)に真水をかけ、付着した塩分をよく洗い落とした後、布やスポンジで水分を拭き取ります。

クラッチ付きの水冷式エンジンでは、大型のビニール袋(買い物袋)に真水を入れ、その中にエンジン下部を浸した後にエンジンをニュートラルにしてスローで回転させれば簡便に冷却水の流路を洗浄することができます。

クラッチのない水冷式エンジンではスタンドにしっかりと立てたうえ、水を入れた大型のバケツにエンジン下部を入れて行います(プロペラの回転にはくれぐれも注意)。

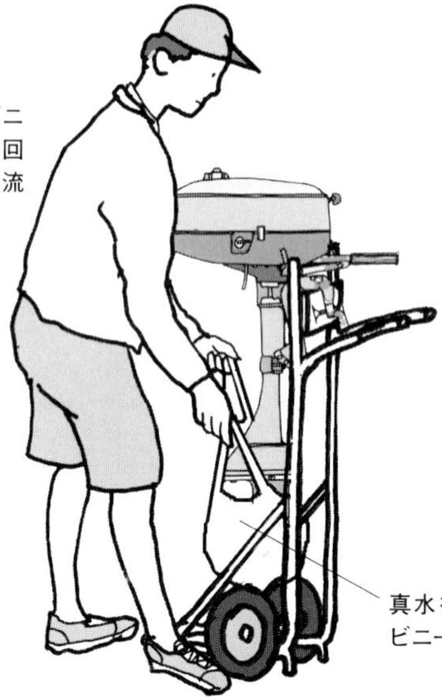

真水を入れた大型のビニール袋を使ってスロー回転させれば、冷却水の流路を簡単に洗浄できる

空冷式エンジンは、十分に冷えてから、軽く水をかけて海水(塩分)を洗い流してください。

[ワンポイントアドバイス]

水道が使えない場合にはポリタンクで真水を持っていきましょう。大型のペットボトルを数本もっていくだけでも結構役立ちます。いずれにしても船外機は使用後すぐに真水で洗いましょう。

洗浄後は、しばらくボートに取り付けたまま垂直に立て、内部の水を自然に排出させましょう。

モーターを真水で洗う

モーターは本体だけでなく、ケーブル、バッテリー接続端子、バッテリーなども真水を使って塩分を十分洗い流したうえ、付着した水分を拭き取って乾かします。モーターやバッテリーは塩分や水分に弱い「電気製品」であることをお忘れなく。

船外機と同様、洗浄にはペットボトルやポリタンクの真水が役立ちます。

バッテリー船外機の水洗い

ボートを真水で洗う

ボートは真水を使って付着した塩分や砂などの汚れを洗い流しておきましょう。特にインフレータブルボートに塩分を付着させたままにしておくとゴムの劣化が進みます。また、洗浄せずにルーフキャリアに載せると車に塩分が付着し、車体が錆びる原因ともなります。

備品類を真水で洗う

ロープは束にした状態で真水をかけ、十分に塩分を抜き取ります。また、バケツ、携帯電話(防水ケースに入れたまま)、クーラーボックス、釣り道具などはすべて真水を使って塩分を洗い落としておきましょう。

[ワンポイントアドバイス]

ロープは塩分を吸い込ませたままにしておくと劣化して硬くなり、扱いにくくなるため、塩抜きは不可欠です。帰宅後、完全に水洗いすると長持ちします。

備品類に塩分が付着したまま車に積み込むと、車の金属部分を腐食させる原因になるため要注意です。

備品類を真水で洗う

燃料（バッテリー）の減り具合を見る

一日船外機を使用したら、燃料（バッテリー）がどの程度減っているかを調べておきましょう。バッテリーの場合は帰宅後に再充電にかかる時間によって消費電力が推定できます。

自分の船外機がどの程度の燃料（電気）を消費するかを確認しおけば一日の走行可能距離が推定でき、次回の行動予定の作成に役立ちます。

燃料の減り具合をチェック

再充電にかかる時間によって消費電力を推定できる

Mini
［ミニボート入門］
Boat

PART 4

安全対策

ボート遊び安全教室

ボート遊びには一歩間違えば「死」を招く危険が潜んでいます。その危険を事前に回避するには、基礎知識を蓄えたうえ、実際に海に出て時間をかけて経験を積む必要があります。

ここでは、これまでに発生したボート遊びでのトラブルや事故を参考に「安全にボート遊びをするための心得」を説明しましょう。

危険の種類と対処方法

海で遭遇する危険は、すべて自力で回避しなければなりません。そのためには、そこから自力で脱出するための知識と技術の習得が必要です。

ここでは、ボートで海に出たらどのような危険が待ちかまえているかを考え、それをどのように予防して回避するか、そして万が一危険な状態(トラブル)が起きてしまったときにどう対処するかを考えてみましょう。

一口に「危険やトラブル」と言っても、体験して慣れておくことができないものも数多くあります。それらに的確に対処するには、日頃から「実際に起こりうるケース」を想定して対処法を考えておくことが大切です。

[ワンポイントアドバイス]

100%危険を回避できる方法は「海に出ないこと」です。少しでも不安や危険を感じたら、それを回避できる自信がつくまでは絶対に海に出ないでください。

海で遭遇するさまざまな危険

波やうねりを乗り越える場合

停船中でも走行中でも、風波や大型船の引き波を受けることがあります。その場合は、船首を波が来る方向に向け、座る位置を船尾方向に移動させ、船首を通常よりやや上げ気味にすると安全に乗り越えることができます。走行中は方向を変えることができる範囲にを落としてゆっくり乗り越えることが重要です。

一般にミニボートが走れる波の高さは40～50センチメートル以下と言われています。通常、風速が4～5メートル/秒になると沖合に白波がチラホラ見え始めますが、この白波の出現はボートを出航させる否かの目安になります。風が強くなると波頭が高くなり、険しくなって崩れる状態が白波なので、その数が多い場合は晴天であっても危険です。また、遠くに白波が出始めたら、速やかに帰港しましょう。

波がボートに与える影響の度合は、ボートのサイズによって大きく異なります。大型のボートが難なく走れる海面でも、ミニボートには転覆や浸水をもたらす危険な海になることを忘れてはなりません。

[ワ ン ポ イ ン ト ア ド バ イ ス]

船尾方向から波を受けると、船尾は（船首より）低くなっているため、波がトランサムを乗り越えて浸水する危険があります。また舷側から波を受けると大きく横揺れし、バランスを崩すおそれがあります。ミニボートの安全走行では、できるだけ船首方向から波を受けるよう進路を保つことが大切です。

波やうねりに向かって走る場合

船首を波やうねりの来る方向に向けて走る場合は、波が高いほど速力を下げる必要があります。高速で波に当たると船首を水に突っ込んで浸水する危険が高くなります。また、波長（波の頂上から次の波の頂上までの水平距離）がボートの長さに近いと、一つの波を乗り越えて船首が下がっているときに次の波に突っ込み浸水する危険があります。それらを回避するには、速力を落とすことがなにより大切です。

　また座る位置を変えるなどして、船首を通常よりやや上げると走りやすくなります。

波の来る方向に船首を立ててやり過ごす

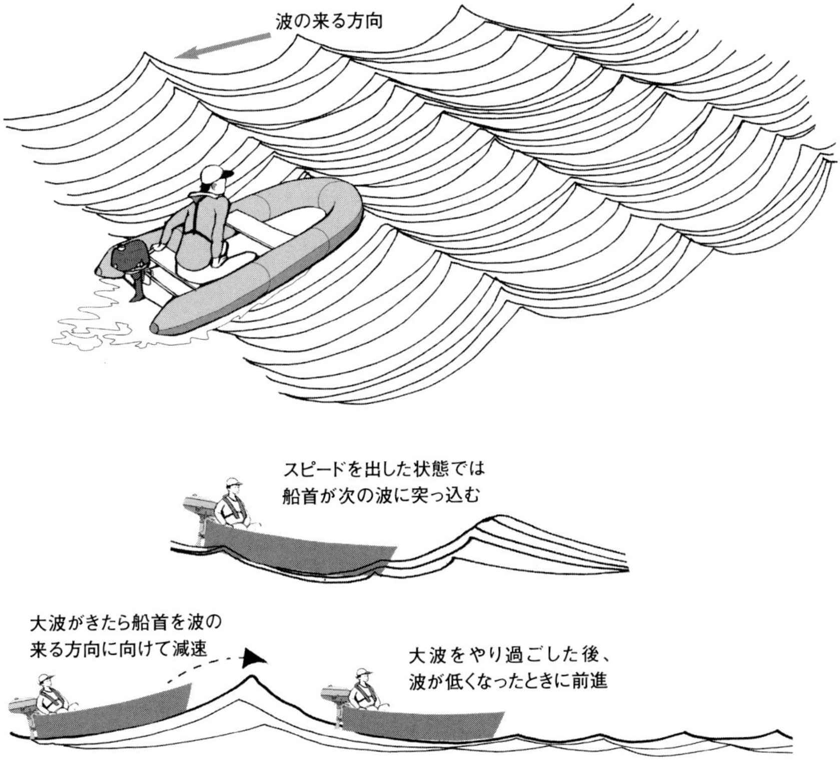
波の来る方向
スピードを出した状態では
船首が次の波に突っ込む
大波がきたら船首を波の
来る方向に向けて減速
大波をやり過ごした後、
波が低くなったときに前進

波頭と平行に走る場合

　波やうねりが高いときに、波頭に平行に近い角度で走ると、舷側方向から波を受けて波を越すごとに左右に大きく動揺します。このような走行はボートのバランスを大きく崩して危険なため、極力避けなければなりません。

波やうねりのなかでは、バランスを崩さないよう体重を移動させながら低速で走るのが原則です。大波が来て危険を感じたときは、船首を波の来る方向に向けてさらに減速します。大波をやり過ごした後、波が低くなったときに前進しましょう。波の高さは一定でないため、落ちついてその高さ見極めることが大切です。

舷側に波を受けると大きく揺れ、浸水しやすい

波やうねりに追われて走るとき

波やうねりの進行方向に走るときには注意が必要です。特に波頂を越えると坂を下り降りるように加速するため、次の波に船首を突っ込む危険があります。また、波の速度に近くなると舵が利きにくくなるため、船首が左右に振れ、進行方向を制御できなくなることもあります。

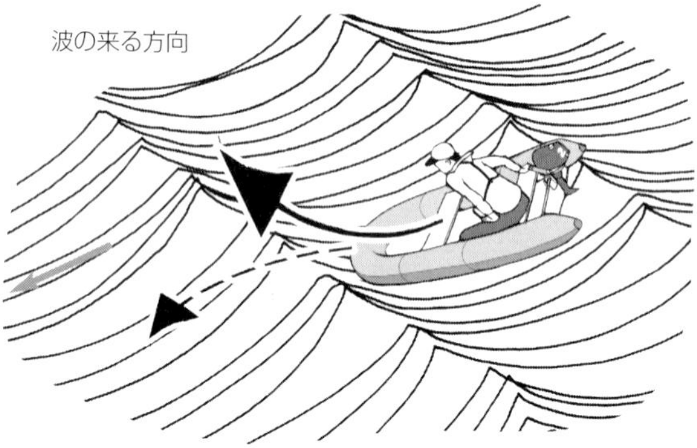

船尾から波を受けると浸水しやすい

浸水、転覆

大波を被ったり、ボートが大きく傾いて浸水すると、船体の安定が大きく損なわれます（次頁「水船《みずぶね》の危険」参照）。

浸水して満水になったボートは、不沈構造のボートでなければその場で転覆、沈没する危険があります。沈没が避けられないと判断したら、できるだけ早く脱出して船体から離れることが肝心です。体や衣服の一部がボートに引っかかったまま沈没すると、体が水中に引き込まれて溺死する危険があります。次に説明する浸水後の対処は、沈没しないことを確認した後に行ってください。

■対処方法

浸水しても満水状態にならなかった場合は、体重を移動させてボートが水平になるよう姿勢を整えた後、バケツで水を汲み出します。バケツで一度にたくさん水をすくおうとすると体重が移動してボートのバランスを崩すため、作業には注意を要します。

［ワンポイントアドバイス］

不沈構造のボートなら、浸水しても沈没しませんが、船尾は船外機の重さで船首より深く沈むため、なるべく船尾から離れた位置に体を移動し、船首、船尾の高さを揃えた後に排水作業を開始しましょう。

水船《みずぶね》の危険

大量の水が入ると船内に水が溜まり、水はボートの傾いた方向に移動します。そのため、ボートは水の移った方向にさらに傾斜して新たな浸水をきたし、転覆、沈没することがあります。

ボート内に大量の水が入った場合は、まず重心を低くしながら体重をゆっくり移動させてボートの姿勢を水平を保ち、水が移動しないことを確認した後にバケツなどで排水します。波やうねりのあるときは安定を保ちにくいため、このバランス保持には特別な注意が必要です。

船底を上にして転覆した場合

浮沈構造のボートが船底を上にして転覆した場合は、まず左右いずれかの舷側に体重をかけ、180度回転させて正位置に戻します。

このときボートは不安定な満水状態になっているため、ゴムボートを除く多くの場合、人が乗り込んで排水することは困難です。そのため、排水作業は立ち泳ぎの状態で船外から行わなければなりません。

排水にはバケツなどを用いますが、乗員が乗っても浮力を確保できるまで排水するには、大きな労力と長い時間を要します。また、せっかく排水しても乗り込むときに船体が傾いで、再び浸水することもあります。

一般にミニボートの自力再走行は困難なことが多いため、まず救助を求めることが肝心です。

浮力体による沈没防止策

不沈構造でないボートでも、浮力体をボート内部や舷側外部に取り付けると、浸水しても沈没を免れることができます。

■使用可能な浮力体

・プラスチック発泡体：ボート内部の形に切って成形し、ロープでしっかりと固定する。ボート内部につける場合は乗るスペースを狭める。浮力体のボリュームが大きいほど効果的だが、ある程度の強度が必要なため、擦れなどで簡単に切れ落ちる材質は避ける。発泡体は舷側に沿って取り付けることもでき、その場合は内部のスペースを狭めることはない。

・大型空気入りフェンダー（市販品）：一個あたりの浮力が30キログラム以上あるものを数個備えると、100キログラム以上の浮力が得られる。

・サイドフロート（市販品）：ボートの舷側を囲んで固定する空気入りゴム製フロートで、横方向の転倒防止に威力を発揮する。また、浸水しても大きな予備浮力が確保できるため、排水作業が容易になる。

■浮力体を固定するときの注意点

・浮力体の種類や形はボートの形状や構造によって異なる。

・浮力体が移動すると十分な浮力が得られない。発泡スチロールは袋状の網などに入れてしっかり固定しないと、形が崩れることがある。

・浮力体をロープで結びつけるための金具（アイ）は、船体に穴をあけてボルト・ナットで固定するが、穴から水が漏れないようシール剤を使ってしっかり防水する。

サイドフロートを装備したボート

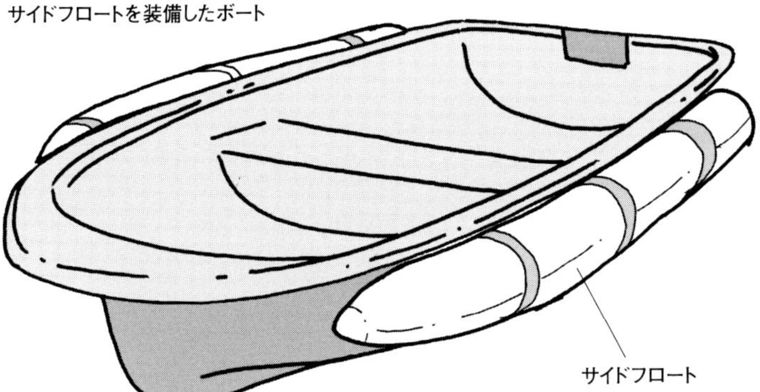

火災が発生した場合

船外機を用いるボートでは、燃料に引火して燃料タンクが爆発する危険があります。

万が一火災が発生した場合は、小型消火器を使うかバケツで海水をかけて消火します。ただし、火勢が広がった場合は水をかけても消せないことがあるため、その場合は躊躇せず海上へ脱出しましょう。火災防止のため、「ボートでの喫煙厳禁、火気使用厳禁」を徹底してください。

漂流した場合

ボートは――船外機が使えなくなった、オールで漕いでも潮流や風によって陸地の方向に進めなくなった、オールを搭載していなかった、オールやクラッチが破損して使用できない――などの理由で走行不能に陥ることがあります。

アンカーが打てる程度の水深なら、まずアンカーを打ってボートが漂流しないようにします。水深が深くてアンカーが海底に届かない場合でも、海中に投入しておくだけで漂流速度を遅らせることができます。

自力で航行できなくなった場合は、海上保安庁または近くにいる他船に救助を依頼しなければなりません。依頼するかどうかの判断は支障の度合によって異なりますが、手遅れにならないよう早めに判断しましょう。

[ワンポイントアドバイス]

陸上の目標物などを見ながら、どの方向にどの程度の速さで流されているかを見極めることが、その後の対応に役立ちます。

恐ろしいボートの漂流

ボートから脱出した後の対応

ボートが沈没して乗員が海上に脱出した場合、陸地が近くに見えるからといって、むやみに岸に向かって泳いではなりません。陸地は見た目より遠く、潮流や風で反対方向の沖合に流される危険もあります。

周囲に浮いているものはできるだけ身近に寄せ集めておく

ライフジャケットを着てさえいれば救助が来るまで浮いていることができます。海上では、まず体力の温存を第一に考え、無意味な体力消耗を避けなければなりません。また、クーラーボックスなど周囲に浮いているものはできるだけ身近に寄せ集めておきましょう。それらは浮力の補助ともなり、他船による捜索の目印にもなります。

救助の依頼に使用できるのは、防水構造または防水ケース入りの携帯電話です。防水構造でない通常の携帯電話は、海水に浸かると使用できなくなります。

漂流物との衝突

海上には大きな丸太や木の根などの障害物が浮遊しています。それらは一部を水面上に出して浮かんでいるため、一見小さいようでも水面下には大きな部分が隠れています。それに小さなボートが衝突すれば、船体やエンジンに重大なダメージを受けます。これらの障害物は河口付近や大雨の後などに多く浮遊するため、その危険がある海域ではコース上の見張りを厳重にしなければなりません。

［ワンポイントアドバイス］

船外機の場合、プロペラが障害物に当たって損傷を受けるのを防止するため、「シアピン」というプロペラ保護部品が取り付けられています。このピンは、プロペラが障

大きな丸太や木の根などの障害物は海面すれすれに浮遊しているため、発見しにくい

害物に激しく当たると瞬間的に折れてプロペラや内部の機構を保護する働きを持っています。ピンが折れるとエンジンの動力がプロペラに伝わらなくなるため、再度プロペラを回すには、正常なピンと交換する必要があります。

シアピンを交換するとき

以下に作業上の一般的な注意事項を記しますが、詳細は各機種の「取扱説明書」で確認してください。

交換作業中は他船に衝突されないよう、また漂流して岩礁などに接近しないよう注意し、いつでもオールを使用できるようにしておきます。また、ボートの安定を失わせる波やうねりにも注意が必要です。可能ならアンカーを打ってボートを止め、風波の方向に船首を保ちながら落ちついて作業することをお勧めします。

慌てるとシアピンや工具を海に落とすことがあります。また、体重を船尾付近に移動するため、船尾からの浸水にも要注意です。

二人で乗っている場合は、手の空いている人がオールを漕いでボートを安全な場所に止めておくようにしましょう。

船外機をボートに取り付けたままシアピンの交換を行なうことはできません。

次の手順で船外機を船内に取り込んだうえ、作業を行ってください。

■船外機を船内に取り込む――

①燃料タンクのエアバルブと燃料コックを閉める。

②船外機をロープでしっかりとボートに結ぶ(外した船外機を海に落とさないための大事な予防策)。

③クランプを緩めて船外機を外し、船内中央の作業しやすい場所に置く(必ずプロペラ側をエンジン頭部より低くする)。作業中は船尾側に体重がかかるため、ボートの安定に十分注意。立つとバランスが崩れて危険なのでシアピンの交換は座ったまま行う。

船外機を船内に取り込むときの手順

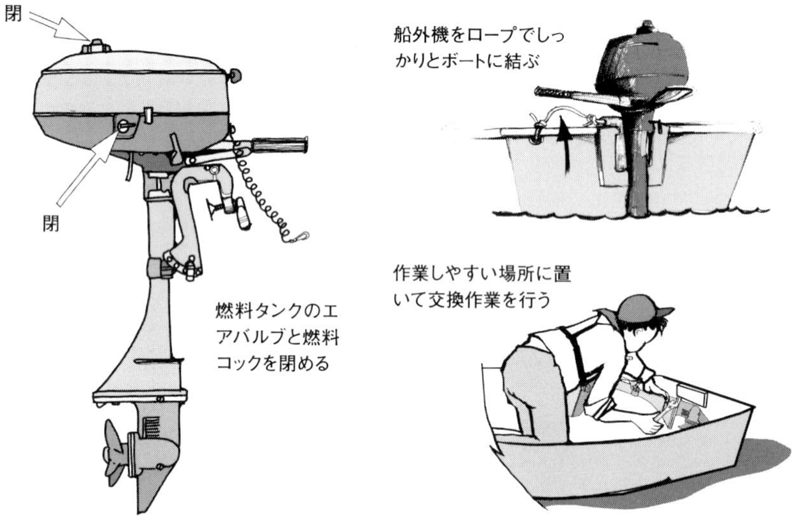

■船外機を元の位置に取り付ける――

シアピンの交換が完了して再び船外機をトランサムに取り付ける場合は、次の手順を基本に作業してください。

①プロペラがしっかりと固定されているかを確認。

②船外機がロープでしっかりと船体に結ばれているかを確認（ロープはできるだけ短く）。

③船外機を取り付け、クランプをしっかり締め付ける。

④船外機を前後、左右にゆすって緩みのないことを確認。

⑤エンジンをスタートさせて走行し、左右に舵を切って船外機がしっかり固定されているかを確認。

プロペラに異物が巻きついたとき

海面近くに浮遊するビニール袋やロープなどをプロペラに巻き込むと、ボートの速力が低下し、エンジン音の急変や異常な振動などが発生します。このような変化を感じたら、まず冷却水が回っているかどうかを確認してエンジンを止め、異物の有無をチェックしましょう（冷却水が回っている場合は、エンジン頭部下にある検水孔から水が出ている）。異物が絡まっている場合は異物を完全に取り除きましょう。

　冷却水が回っていないときは、エンジンを十分冷やした後に始動しましょう。熱い間に始動すると内部が冷却水によって一気に冷やされ、重大な損傷を招くおそれがあります。

　プロペラに手を伸ばして異物を取り外すときは、体を船尾から乗り出さなければならないため、船尾が沈み込んで浸水するおそれがあります。

　そのような場合、船外機をボートから外すとより安全に作業することができます。船外機の着脱手順は77頁の「シアピンを交換するとき」を参照してください。

プロペラに異物が巻きついたときは船外機をボートから外すとより安全に作業することができる

船外機が水に浸かったら

　大波を被ったり、誤って海中に落とした場合、船外機のカバー内に水が浸入します。そのような場合は次のように対処しましょう。

■大波を被った場合

　船外機は、上から大波を被ってもエンジンカバー内には海水が浸入しにくい構造になっていますが、念のため帰港後にエンジンカバーを開いて点検し、塩分が付着している場合は真水で洗い流しておきましょう。

誤って海中に落としたり、大波を被った場合は事後の点検が肝心

■エンジン停止状態で水中に落とした場合

　海岸や港などの浅い海域で船外機を水中に落とした場合は、次の手順で対処しましょう(停止状態で落とした場合、すぐに引き上げれば内部に海水を吸い込んでいる可能性は低い)。

①すぐに引き上げて垂直に立て、内部の海水を完全に排出。このとき、キャブレターに水が浸入している可能性があるため、スターターロープは絶対に引いてはならない。うっかり引くとシリンダーに海水を呼び込む。

②エンジンカバーを開いて、エンジンの上部から真水をかけ、海水を完全に洗い落とした後、付着した水分をふき取る。
③船外機をボートに取り付け、水上でエンジンを始動する。
④すぐに始動した場合は、しばらく回転をさせながら様子を見る。
⑤始動しない場合は、エンジン内部に海水が浸入した可能性がある。

シリンダー内に海水が入った場合は、まずスパークプラグを外してシリンダーの中に燃料を注入し、スターターを引いて内部を洗浄した後にプラグを取り付けます。多くの場合、これで再始動できます。

船外機を海中に落とした場合は、上記の処置をしたうえで販売店に持ち込み、再点検やオーバーホールをしてもらいましょう。

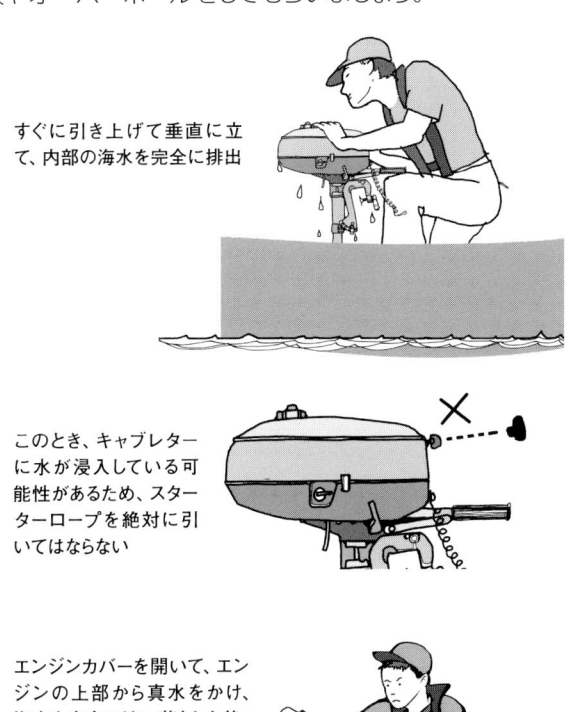

すぐに引き上げて垂直に立て、内部の海水を完全に排出

このとき、キャブレターに水が浸入している可能性があるため、スターターロープを絶対に引いてはならない

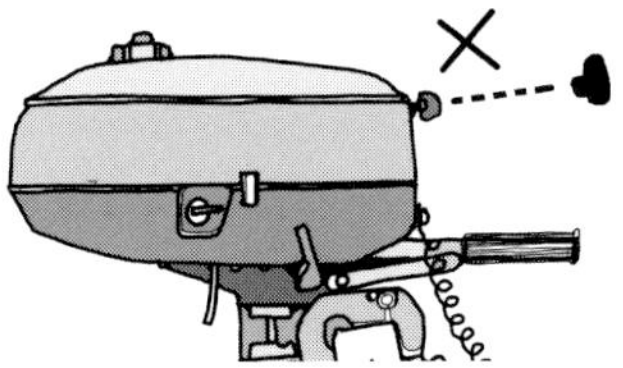

エンジンカバーを開いて、エンジンの上部から真水をかけ、海水を完全に洗い落とした後、付着した水分をふき取る

他船との衝突回避

船舶は大小にかかわりなく、他の船と出会った場合には「海上衝突予防法」と呼ばれる国際法に従って衝突を回避しなければなりません。

ミニボートでもエンジンを使って走っていれば動力船となり、海上衝突予防法の適用を受けます。安全のためには、何よりも衝突を招く位置関係を作らないことが肝心です。また、ミニボートは大型船から発見されにくいため、「相手はこちらに気づいてないかもしれない……」を前提に対応しましょう。

また、海上衝突予防法の規定によって、動力船は帆船に進路を譲らなければなりません。そのため、エンジンで走るミニボートは帆走中のヨットの進路を避けなければなりません。

■2隻の動力船が行き会って衝突のおそれがある場合

2隻の動力船が真向かい、またはほとんど真向かいに行き会い、衝突のおそれがあるときは、それぞれ互いに相手の動力船の左舷を通過できるよう針路を右に変えなければなりません。

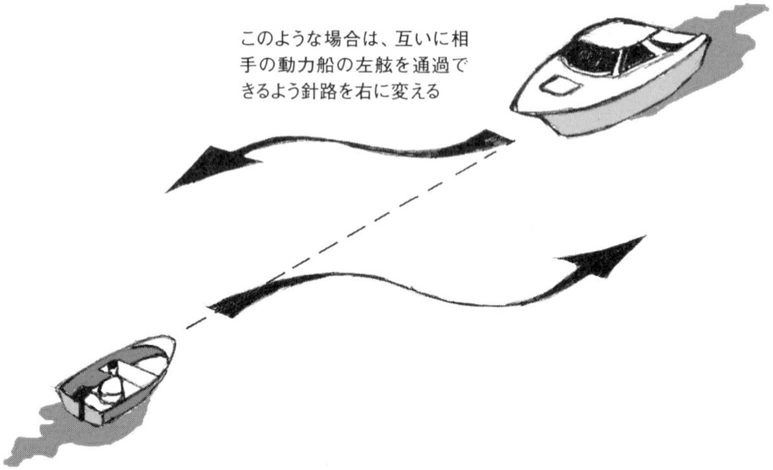

■2隻の動力船が互いに進路を横切り、衝突のおそれがある場合

2隻の動力船が互いに進路を横切り、衝突のおそれがあるときは、相手の船の左舷を見る船が進路を変更したり減速して衝突を回避しなければなりません。

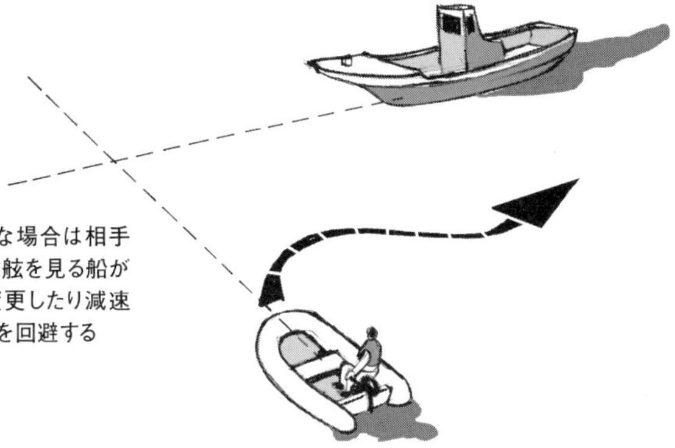

このような場合は相手の船の左舷を見る船が進路を変更したり減速して衝突を回避する

■航海灯について

ミニボートで夜間の出航は絶対に行ってはなりませんが、何かの都合で帰港が夜になった場合は、他船との衝突を避けるため、必ず懐中電灯などの灯火を点けたうえ、次のことに注意して走行しましょう。

右から左に進路を横切る他船の灯火（赤）

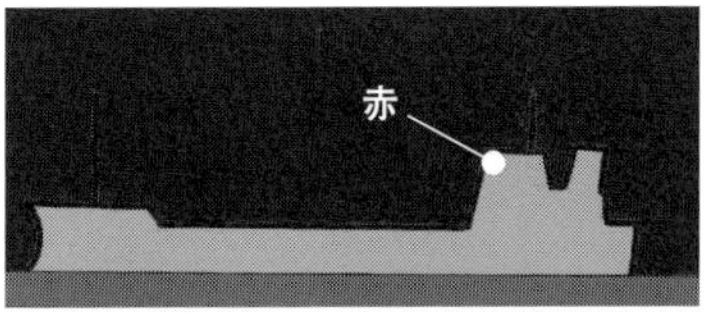

左から右に進路を横切る他船の灯火（緑）

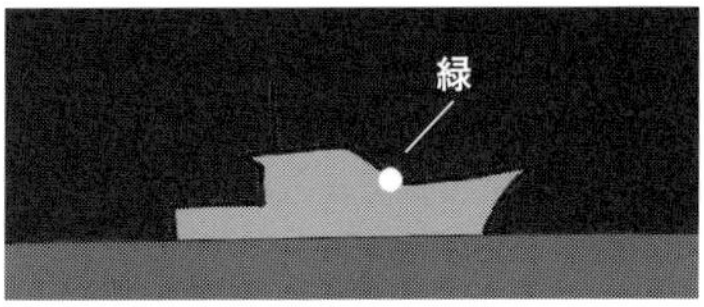

真っ直ぐこちらに向かって走ってくる他船の灯火（赤と緑）

・船には、右舷に緑、左舷に赤の航海灯がついていて、夜間に走るときは両舷とも点灯している。
・夜間の海上で緑（赤）の航海灯が見えたら、その船は自分のボートの針路の前方を左（右）から右（左）方向に横切っていることになる。赤が見えた場合は相手船に優先権があるので特に注意。
・赤と緑が同時に見えたら、その船は自分のボートに向かって走っていることになり、そのままでは衝突されるので、針路を変える。

■アンカーを打って停泊しているときの他船との衝突回避

アンカーを打って止まっているときは簡単に移動できないため、他船の接近には特に注意する必要があります。他船に衝突される危険を感じたら、速やかにエンジンまたはオールを使ってでできる限り相手船のコースから外れるように移動しましょう。

アンカーを打って止まっているときは、他船の接近に特に注意

［ワンポイントアドバイス］

間近に衝突が迫った場合は、アンカーロープを海中に放してボートを移動するなど可能な方法を用いてください。時間的余裕がある場合は、アンカーを海底から離れる程度まで引きあげた宙吊りの状態で移動することもできます。

船体が破損した場合

他船や海上の浮遊物と衝突したり、何らかの衝撃を受けて船体が破損すると損傷個所から海水が浸入します。

破損が小さく、船内への浸水も少ない場合は、浸入した水を排出しながら、早急に近くの安全な港や海岸などに避難しましょう。

船体が著しく損傷した場合は沈没の危険があるため、海上に脱出するしか方法がありません。その場合は「浸水、転覆」(71頁)で説明した方法に沿って対処しましょう。

衝突により船体が著しく損傷した場合は沈没の危険がある

エンジントラブル

船外機の場合には、走行中にエンジンが突然停止したり、エンジンが始動できなくなるトラブルが発生します。突然アクシデントが起きても慌てないよう、日頃からその対応策を準備しておきましょう。

［ワンポイントアドバイス］

ミニボートの場合、たとえエンジンが使用できなくてもオールを漕いで帰ってくることができるため、慌てず落ち着いて対処してください。

■走行中にエンジンが突然停止したら／エンジンが始動できなくなったら

確認事項――

・緊急停止スイッチ（コード）のクリップが外れていないか？

・燃料は入っているか？

・エアバルブ、燃料コックは開いているか？

・スパークプラグは正常か？　新品のスパークプラグと比較してみれば良し悪しが分かる。

■エンジンは回転しているのにボートが進まなくなったら

確認事項――

・プロペラは回っているか？　回っていなければシアピンが折れている可能性がある（77頁「シアピンを交換するとき」参照）。

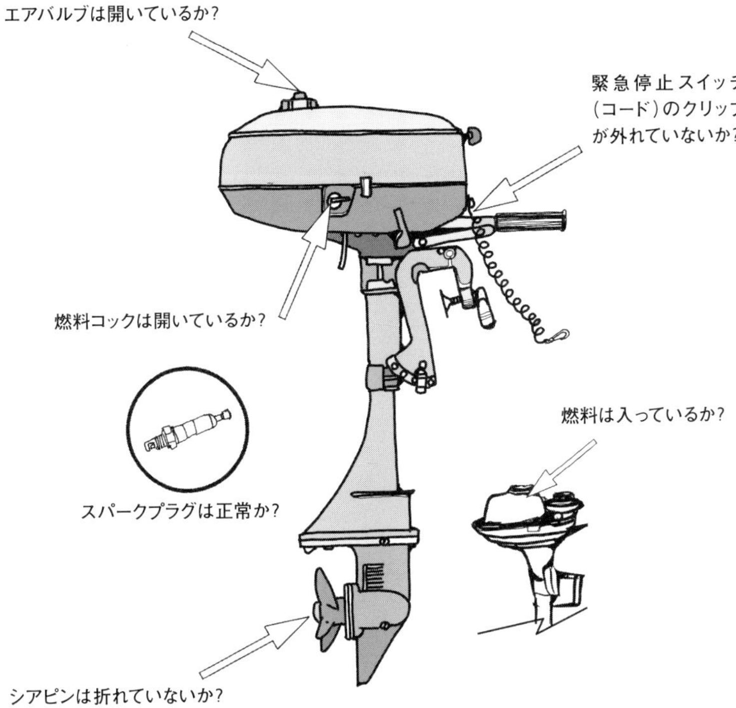

エアバルブは開いているか？
緊急停止スイッチ（コード）のクリップが外れていないか？
燃料コックは開いているか？
スパークプラグは正常か？
燃料は入っているか？
シアピンは折れていないか？

■スパークプラグを交換するとき

注意事項――

・立つとバランスが崩れて危険なので作業は座ったまま行う。

・交換作業中は衝突されないよう、常時、他船の動きに目を配る。

・漂流して岩礁などに接近しないよう、オールを漕げるようにしておく。同時にボートの安定性を失わせる波やうねりにも注意する。

・作業は必ず船外機をチルトアップした状態で行う。チルトダウンした状態で作業すると、スパークプラグの位置が遠くなるため作業がしにくく、工具や外したスパークプラグを海に落とす心配がある。

交換作業は次の手順で行います。

①燃料タンクのエアバルブと燃料コックを閉める。
②船外機をチルトアップしてロックする。
③エンジンカバーを外す。
④スパークプラグを交換する。

立つとバランスが崩れて危険
なので作業は座ったまま行う

［ワンポイントアドバイス］

潮の流れが速い場合は、なるべくアンカーを打って漂流を防止しましょう。また、二人の場合は手の空いている人がオールを漕いでボートを安全な状態に止めておきましょう。

夜になったら

明るいうちに帰る予定が何らかの理由で夜になってしまった場合、次のことに注意しながら帰港しましょう。

・夜の海は想像以上に真っ暗だが、目が慣れてくると陸灯りや月明かりで岩礁などが見えてくるようになる。他船との衝突を避けるため、懐中電灯をなどの灯火を点灯しなければならないが、光が明る過ぎると周囲が見えなくなる。

・常に前後左右を監視し、衝突回避に心がける。

・家族や友人などに電話し、無事であることを伝える。

・目標となる陸の灯りを確認して走る。

・漁網や漂流物などには特に注意。

他船との衝突を避けるため、懐中電灯をなどの灯火を点灯しなければならないが、光が明る過ぎると周囲が見えなくなる

体調不良の予防と対処

エンジンもボートも快調で天気も良好であっても、体調不良や体力消耗をきたせばトラブルの引き金になります。自分の体力を自覚し、無理のないボーティングを楽しんでください。

夏の海では半袖シャツに半ズボンが好まれる傾向にありますが、直射日光により知らぬ間に強烈に日焼けすることがあります。また、風で体温が奪われ、体力を消耗することもあるため、ボート上では必ず長袖シャツ、長ズボンを着用しましょう。陸上で少々暑くても、海に出れば思いのほか涼しいことを忘れてはなりません。

また、帽子はつばの長い風通しのよいものを被ってください。海上では汗をかいてもすぐに乾燥するため、知らぬ間に体の水分が不足します。水分の補給も忘れずに……。

ボートに乗るときは長袖シャツ、長ズボンを着用する

［ワンポイントアドバイス］

日光による障害や体力消耗を防ぐにうえで、登山やアウトドアスポーツ用として開発された下着や衣服は大変有効です。値段が少々高くてもそれだけの価値はあります。

他船に曳航してもらう場合

他船に曳航してもらう場合は、なるべく相手の船に乗り移り、自分のボートを軽い状態に保ちましょう。自分のボートに乗ったまま曳航してもらう場合は船尾寄りに座り、船首が上がるように姿勢を整えましょう。船首が下がっていると、左右に蛇行してうまく曳航できません。

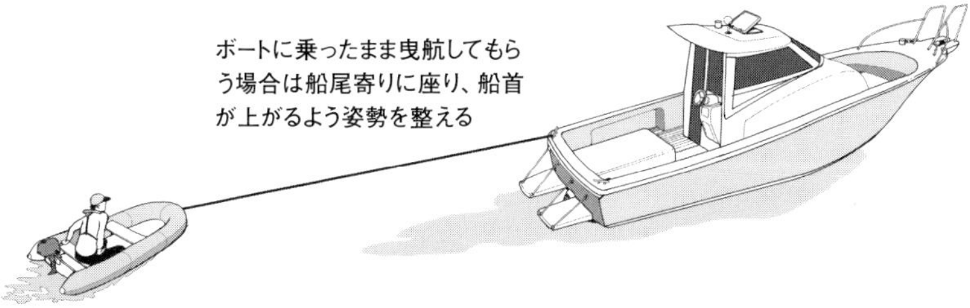

救助を依頼する方法、タイミング

自力で陸に戻れなくなった場合は、早めに状況を判断して救助を依頼しましょう。周囲に他のボートや漁船がいれば、事情を話して陸地まで曳航してもらうこともできますが、依頼を躊躇している間にそれらがいなくなれば、携帯電話で警察（110番）や海上保安庁（118番）に救助を依頼するしか方法がなくなります。

[ワンポイントアドバイス]

・仲間のボートがいれば互いに助け合うことができます。同じ海に何度も通っていると顔見知りができ、互いに心強く感じるようになります。

・他船などに助けてもらったときは、適切なお礼を支払いましょう。

遊泳者、ダイバーに注意

小型のボートでも遊泳中の人に当たれば大けがを負わせることがあります。特に回転するプロペラは刃物のような殺傷力があるため、海水浴場周辺でのエンジン走行は絶対に避けなければなりません。どうしても通らなければならない場合はオールを漕いで走行しましょう。

ダイビングスポットの近くでは、水中にいるダイバーに注意しなければな

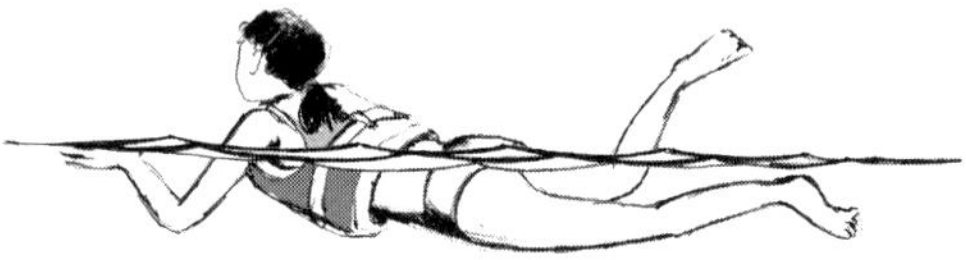

遊泳者とダイバーに注意!

りません。ダイバーの所在を示す旗付きのブイが浮いていたり、水面に泡が浮き上がっている海面の下にはダイバーがいます。停船してダイバーの存在を確認し、そこには絶対に近寄ってはなりません。

用足しをするとき

用足しは座ったままバケツや牛乳パック（上を切り取って使う）などの容器で受けましょう。カーショップで売っている渋滞対策用の商品も利用できます。

立ち上がって用を足すとボートが不安定になって大変危険なため、絶対に避けなければなりません。排泄物はビニール袋などに入れて持ち帰り、陸上のトイレに捨ててください。

用足しは座ったままバケツなどの容器で受ける
牛乳の紙パックの上を切り取って受けに使うと便利

他船の動きで海況察知

遠くの海が荒れ始めても、いきなり自分のいる海域が荒れてくることはありません。強い風でも必ず遠くの方から徐々に押し寄せてきます。

遠くで強い風が吹き出すと、その場にいる遊漁船や漁船などがいっせいに高速で移動し始めることがあります。そんな遠くの光景によって、やがては自分のいる海域も荒れ始めることが予想できます。

遠くで強い風が吹き出すと、その場にいる遊漁船や漁船などがいっせいに高速で移動し始めることがある

海上で雷に遭ったら

海上で雷に遭遇したら逃げようがありません。釣り竿や金属部品などをできるだけ遠ざけ、姿勢を低くして雷が行き去るのを待つ以外に手だてはありません。

霧で視界が悪くなったら

海上の霧が濃くなって陸の景色が見えなくなると、帰港する方向が分からなくなり、不安に駆られることがあります。そのような場合は、とりあえず見覚えのある陸地が見えるところまで向かい、そこから岸沿いに走れば目的地に近づくことができます。

帰る方向が全くわからなくなった場合は、むやみに移動したりせず、霧が晴れるのをじっと待つのが賢明な対処法です。その場合はアンカーを打つなどしてボートの漂流を防ぎましょう。

また、霧が濃くなると他船に衝突される危険も増大します。周囲の音に注意し、他船が近くにいる場合は、小型のフォグホーン（携帯式エアーホーン）などを使って注意を喚起しましょう。

［ワンポイントアドバイス］

視界のよいときに、現在いる場所から陸地の様子（山、岬、港の入り口など）がどのように見えるかを磁気コンパスを使って確認しておくと安心です。海図を使えばそれらの位置関係を正確に判断できます。ボート販売店などに問い合わせれば、海図の購入方法を知ることができます。

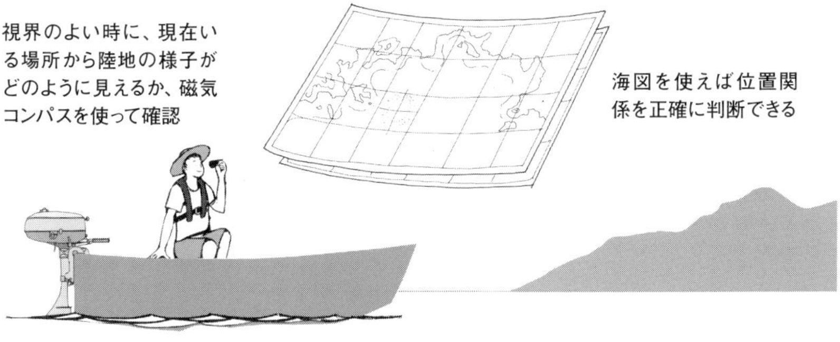

船外機の日頃の手入れ

船外機がトラブルを起こして動かなくなると、オールを使う以外に自力で帰港することができなくなります。船外機のトラブルは日頃の整備で回避できるケースが多いため、シーズンの終わりや初めに時間をかけて整備しておけば、安心して海に出ることができます。日頃のメインテナンスを習慣づけると、万が一トラブルが発生しても落ち着いて対処することができます。

■船外機の日頃の手入れ

・シーズンオフの間でも月一回は数分間エンジンを回す。

・2、3ヵ月使用しない場合は、燃料タンクを空にしておく。

・水で洗った後はよく乾燥させ、防錆スプレーをまんべんなく散布した後にカバーを掛けて通気のよい場所に保管する。

・錆が出ていないかをチェックする。少しでも出ていたらサンドペーパーで擦り落とし、自動車用のスプレー塗料を吹きつける。

・プロペラが傷んでいないかどうかをチェックする。

■バッテリー船外機の日頃の手入れ

・使用後は、真水を浸した雑巾を使ってモーターやバッテリーに付いた塩分や汚れを拭き取っておく。

・水で洗った後はよく乾燥させ、防錆スプレーをまんべんなく散布した後、カバーを掛けて通気のよい場所に保管する。

・錆が出ていないかをチェックする。少しでも出ていたらサンドペーパーで擦り落とし、自動車用のスプレー塗料を吹き付ける。

・シーズンオフの間でも月一回はバッテリーを充電する。

・バッテリー電極とモーターのケーブル電極に付いた汚れや錆は十分に落としておく。

・プロペラが傷んでいないかどうかをチェックする。

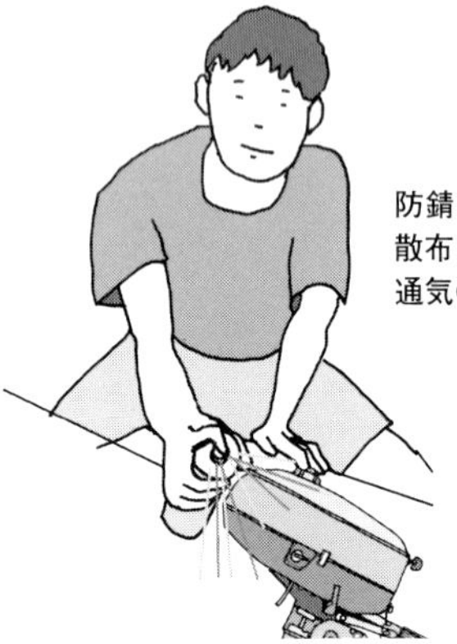

防錆スプレーをまんべんなく
散布した後にカバーを掛けて
通気のよい場所に保管する

Mini
［ミニボート入門］
Boat

PART 5

海と天気の知識

海と空を知る

ボート遊びには海と天気の知識が欠かせません。それらは安全上必要なばかりでなく、自然のなかで遊ぶ楽しさを倍増させてくれます。ここではボート遊びに役立つ、海と空についての初歩的な知識をかいつまんで説明しましょう。

内海、外海

内海は、地名で「○○浦」とか「△△湾」)と呼ばれる陸地に囲まれた海域です。外海のうねりなどの影響を受けにくいため、季節に関係なく比較的穏やかで、天気が安定していればミニボートのゲレンデとして最適な水域となります。

湾の入り口方向から風が吹いている場合は、湾口付近は波やうねりの影響を受けますが、漂流しても湾内のどこかの岸に流れ着きます。

陸地から湾の入り口に向かって風が吹いている場合は、湾内の波は比較的静かですが、エンジントラブルなどが発生すると湾外に流される危険があります。

外海は大海原(太平洋や日本海など)の一部となる海域です。天候が安定していても、うねり、波、海流などの影響を常に受ける水域が多いため、ミニボートに適した水面は少ないようです。

湾内はミニボートのゲレンデとして最適な水域

河口

大きな川の河口付近は一般に流れが速くその方向も複雑に変化するため、ミニボートでの航行には注意が必要です。特に大雨の後などは流れが非常に速くなるため、走行に危険をきたします。

川の流れと逆方向の風が吹くと、複雑で険しい波が立つため、ミニボートの航行は非常に危険です。そのようなときは河口を無理に横切ろうとはせず、少しコースを沖に迂回して波の低いところを走るのもひとつの方法です。

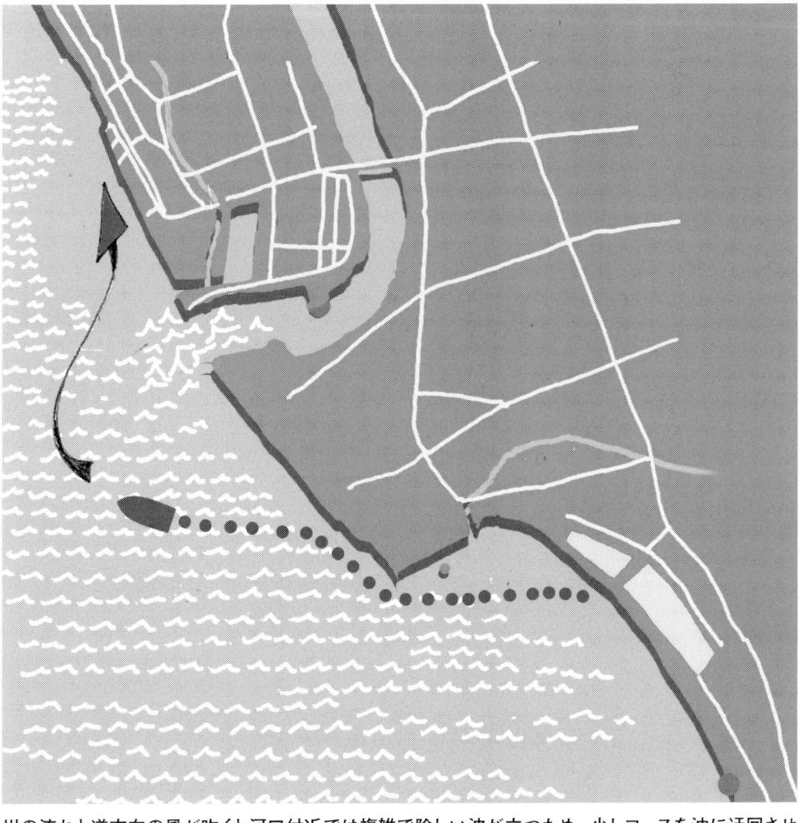

川の流れと逆方向の風が吹くと河口付近では複雑で険しい波が立つため、少しコースを沖に迂回させて波の低いところを走る

消波ブロックの周辺

港の出入口や河口付近には、よく消波ブロックが積み上げられています。消波ブロックの周辺は流れが複雑で、海面下にも目に見えない消波ブロックが沈んでいることがあるため、むやみに接近してはなりません。消波ブロックに接触したり衝突して、船体や船外機を破損するミニボートの事故も多発しています。

港の出入口

港の出入口やその周辺の航行には十分注意しましょう。船舶の出入りのじゃまになるだけでなく、衝突される危険もあります。また、船の曳き波を受けることも多く、反射波の影響を受ける堤防や岸壁近くの走行には特に注意を要します。

港の出入口付近には多くの場合、航路が設置されています。小さなボートが他船と同じように航路内を走ることは危険です。やむを得ず航路周辺に立ち入る場合は、航路を外して走行しましょう。

港の防波堤を回るときは下図のように「右小回り、左大回り」が原則です。

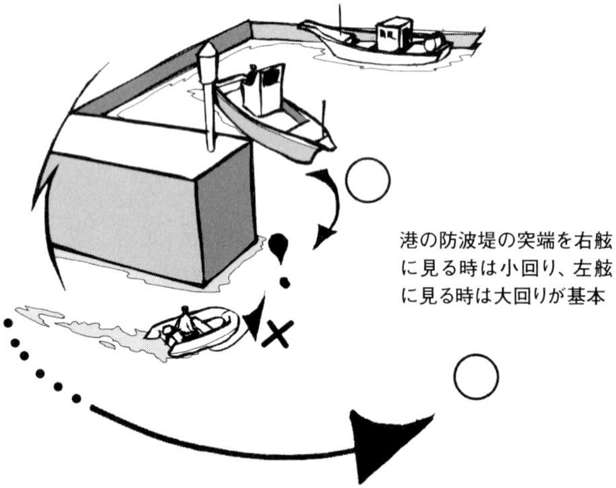

潮の干満、潮位、潮流

ボートは海水の動きに大きく影響されるため、それがどのように動くかをよく知っておく必要があります。また、海水の動き（流向、流速）は場所や時期によって大きく変わるため、自分が行こうとする海域の大まかな状況を把握しておく必要があります。

海面は時間とともに上下し干満を繰り返します。最も水位が高い状態を「満潮」、低い状態を「干潮」、満潮と干潮の間に発生する海水の流れを「潮流」と呼びます。干満は場所や日時、季節によっても異なり、月間で最も潮位の変化が大きい状態を「大潮」、小さい状態を「小潮」と呼びます。

大潮の時期は水位の変化が大きくなるため潮流が速くなります。潮流が強いと短時間で驚くほどの長距離を流されることがあるため、ミニボートを走らせる場合は、潮流の強さや変化を常に注意する必要があります。

なお、潮流の方向は流れていく行く方向で、流速はノット（1ノットは1時間に約1.8キロメートルを進む速さ）で表します。その様子は、海面に浮かんだ固定ブイの動きなどで知ることができます。

潮の流れは海面に浮かん
でいるブイが流されている
様子で潮の方向が分かる

波とうねり

波は波高が高く険しいほど危険で、小型のミニボートにとっては最も注意しなければならない自然現象です。海面に立つ「風浪」は近くを吹く風によっ

て生み出された波で、「うねり」は遠くに発生した大きな風浪が伝達して到来する波長の長い波を指します。

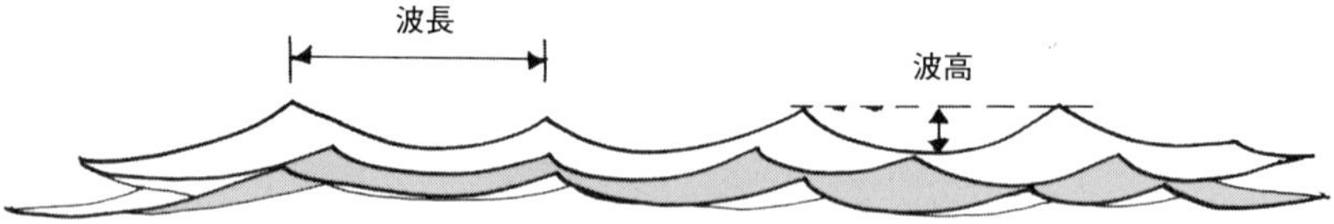

波高が高く険しい波ほど危険

沖の状態を知らせてくれる波（波打ち際の波）

波打ち際の海面の状態（波の有無）によって沖の風の状態が分かることがあります。風もほとんどなく、天気が安定していて波打ち際に小波がチャプチャプ程度に寄せていれば絶好のボート日和と言えます。しかし、沖を大型船が通過した痕跡もないのに波打ち際がザブンザブンと波立っている場合は、沖で強風が吹いていて、しばらくするとこちらに強風が押し寄せてくることが多いようです。

波の高さは周期的に変化する

海岸の波打ち際に打ち寄せる波の高さ（波高）は周期的に変化し、波高が平均して高いときでも、周期的に波立ちが収まることがあります。その周期は数分以内なので、しばらく海を眺めていれば把握できます。このことが分かれば、少々波立った海岸でも波の低くなるタイミングを見計らって安全にボートを出し入れすることができます。

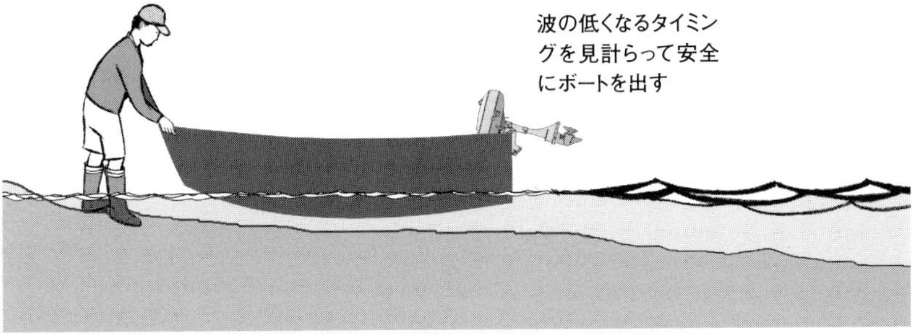

［ワンポイントアドバイス］

波高が低い状態は短時間で終わるため、ボートを出した後はすぐに岸から数十メートルのところまで漕ぎ出しましょう。船外機のチルトダウンはその後にします。

ボートを岸に着けるときは、まず船外機をチルトアップし、オールで漕ぎながら着岸しましょう。着岸後はすぐにボートを波の影響を受けないところまで引き上げます。

岸近くの波

沖合のうねりが海岸に迫ると波頭が崩れることがあります。そのような海岸にボートを着けるときは、波頭が崩れていない沖合で船外機をチルトアップし、オールを使って船首を沖に向けて保ち、ボートが波に乗って漂着するように着岸します。

なお、ボートを波頭が崩れるところで方向転換させると、横波を受けて転覆する危険があるため要注意です。

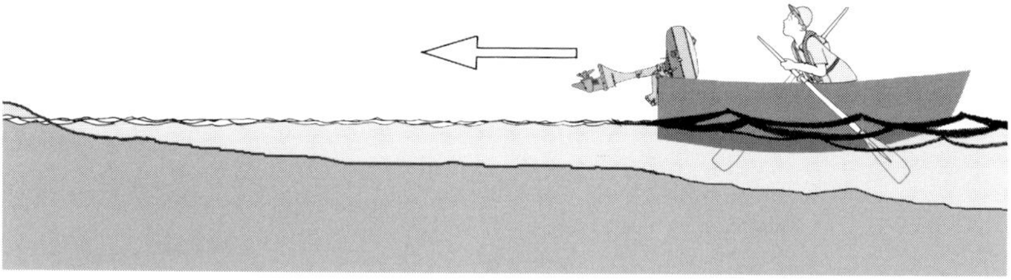

沖合のうねりが迫る海岸にボートを着けるときは、波頭が崩れていない沖合で船外機をチルトアップし、オールを使って船首を沖に向けて保ち、ボートが波に乗って漂着するように着岸

大型船の起こす波

漁船や貨物船は大きな曳き波を立てて走ります。曳き波はかなり遠くまで伝わるため、その大きさや伝わる方向には注意が必要です。航行中の船を周囲に発見したら、到来する曳き波に備え、できるだけ早く対策を取りましょう。

曳き波は初めに到達する第1波が最大で、第2波以降は小さくなります。大型船の立てる曳き波によって小型ボートが転覆した事故例も報告されているため油断は禁物です。

曳き波を安全にやり過ごすには、曳き波の到達方向を注視し、波を船首と直角に受けるよう操船するのが基本です。

海底地形

海底にも陸地と同様に山や平地があります。海底は陸地から連続して落ち込んでいるため、陸がなだらかならそれに続く海底も平坦となり、切り立った崖の下の海底はその崖と同様に急に深くなる傾向があります。

沿岸の海底地形は、海岸付近の潮流の速さ、波の形、波の大きさにさまざま影響を与えます。また、その地形によって集まる魚の種類や数も異なるため、その情報はボート釣り愛好者にとっては釣果を左右する重要なものとなります。

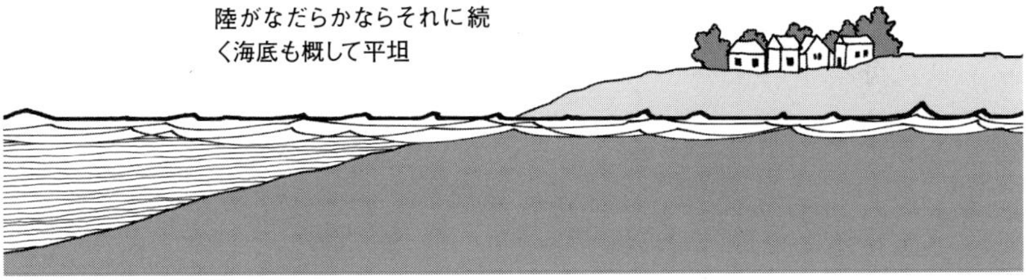

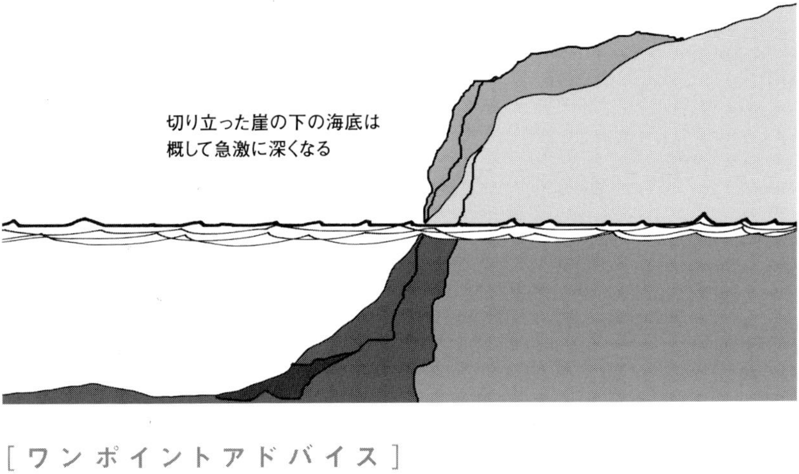

［ワンポイントアドバイス］

海底地形を知るには海図や海底地形図（海上保安庁発行）が便利です。海図には海底の深さ、漁礁（海底の小山で、魚が多く集まるところ）の位置やその深さ、名称、おもな流れの方向など貴重な情報が示されています。

暗礁

暗礁は海面下間近にある岩礁です。常時水面下にあるため、航行中の船に座礁事故をもたらす危険があります。

干潮のときは海面上に出ていて、潮が満ちてくると海面に覆われて見えなくなるものを「干出岩」と呼びますが、これは小型のボートにとってとりわけ危険な存在です。

航行時には海図などによって海岸の地形を子細に調べ、座礁しないよう気をつけましょう。なお、注意して眺めると、暗礁上の波立ち具合が深い部分とは異なっていることに気づくはずです。

暗礁は常時水面下にあるため航行するボートには危険な存在

潮が満ちてくると海面に覆われて見えなくなるものを干出岩と呼ぶ

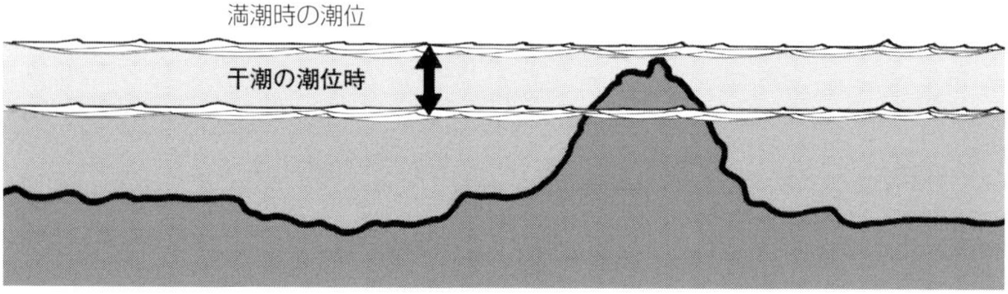

海底地質

海底地質は主に泥、砂、岩です。河口付近は泥、砂浜の海岸沖には砂、切り立った断崖下は岩といったように、陸の地質からもおおまかに想像できます。また、消波ブロックや石などが人工的に海底に敷きつめられている場所もあります。

目的地の海底地質は、試しに打ったアンカーの付着物で判断することができます。

海底の地質はアンカーの利き具合に影響を与えます。砂または泥の場合は利きがよく、岩の場合は滑って利きません。不用意に岩場や消波ブロックが敷きつめられた海底にアンカーを打つと、岩やブロックの隙間にアンカーの爪が掛かって抜けなくなることがあります。そのような場所では、強く引くと爪の先が曲がって抜けるグラップネルアンカーが適しています。

また、通常のアンカーでも先端に細いロープを取り付けておけば容易に抜くことができます。

岩やブロックの隙間にアンカーの爪が掛かって抜けなくなることがある

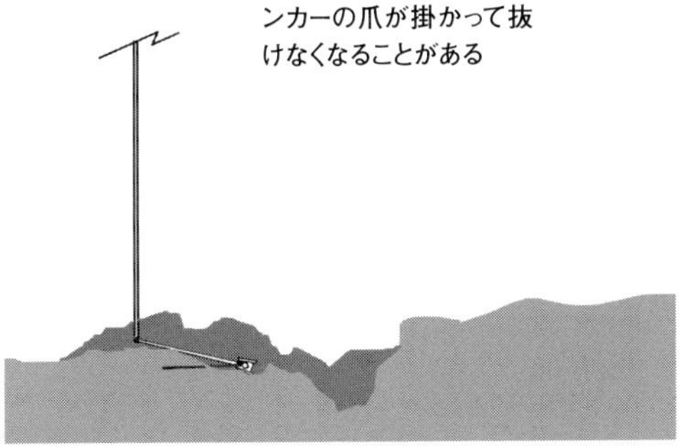

気温と水温

気温が大きく変わっても、海水温度はさほど大きく変化しません。そのため、夏になって陸上の昼間の気温が上昇して暑く感じても、海に出ると陸上ほどの暑さは感じません。逆に、冬の陸上でとても寒く感じるときでも、風のない海上ではさほどの寒さは感じません。海水は表面を覆う空気によって温められたり冷やされたしますが、熱の伝わり方が陸ほど急激でないため、陸上気温が上がり始めた春になっても、海水温度は上昇しないため寒く感じます。

風の性質

「風」は空気の動きです。海上にいるボートは風によって速力や進行方向に影響を受けるため、風速や風向に合わせた操船が必要となります。ここではボートの操船に影響を与える風について考えてみましょう。

■風上、風下の意味

風が自分に向かって吹いてくる側が風上（かざかみ）、吹き去る側が風下（かざしも）です。風の力でボートが流される方向が風下、その逆が風上ともいえます。

潮流の影響がない水域でアンカーを打ったとき、ボートは船首を風上に向けた状態で止まります（潮流がある場合は、その強さや方向によって風上に向かないことがある）。

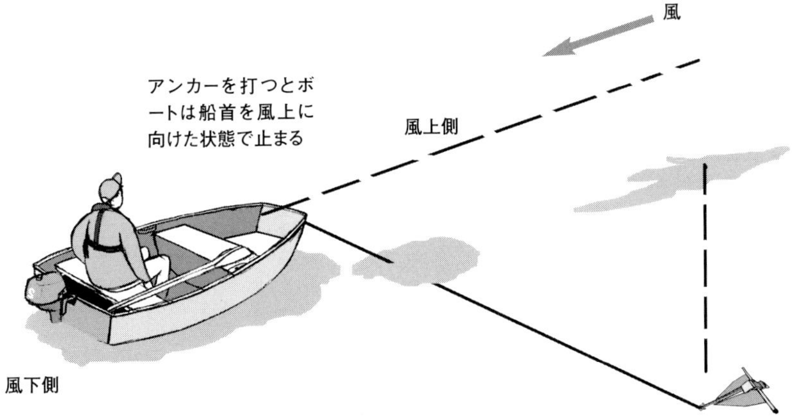

■風向、風速、風のパワー

風向は風が吹いてくる方向を方位で示したものです。

風速は風が1秒間に進む距離(メートル)で表し、天気予報などでは10分間の平均風速で示します。そのときどきの実際の風速は強弱を繰り返し、その最大値を「瞬間最大風速」と呼びます。

同じ海域でも、局地的に高い山や断崖などの海岸地形によって、風向、風速は変化します。通常、陸方向から風が吹くときは、陸に近い水面ほど波が穏やかになるため、岸寄りのコースを進めば波を被らずに走ることができます。

同じ体積の空気でも、夏の空気は温かくて軽く、冬は冷たくて重いため、海面に浮かんでいるボートの受ける力は、同じ風速でも冬のほうが大きくなります。このような理由で、冬場のボート遊びでは、寒さとともに風に対する特別の注意が必要となります。

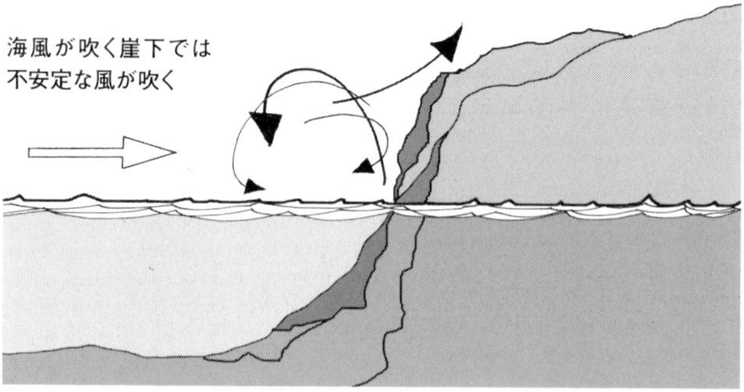

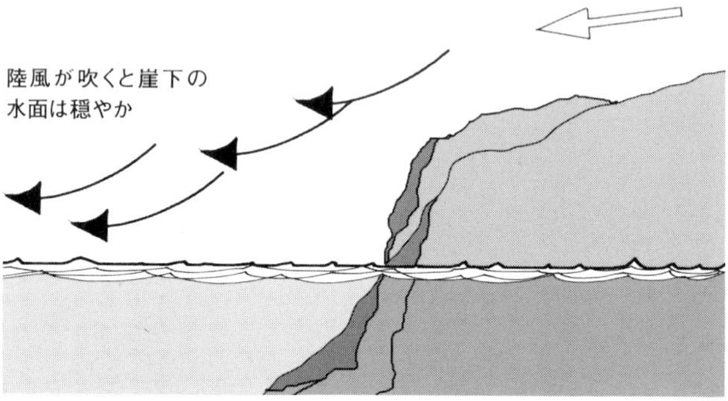

■海風と陸風

天気が安定した晴天の夏場、海岸近くでは、日中は海から陸に向かって風が吹き、夜には陸から海に向かう逆の風が吹きます。この現象が海陸風（海風と陸風）です。

日中、太陽が昇るにつれて陸の気温は高くなり、陸上の空気は暖められて上昇します。それを補うように海上から冷えた空気が流れ込んで海風となります。

夕方になると日光の輻射熱が弱まるため、陸と海の温度が同じになり、海風は止まります。この現象が夕凪で、その後は翌朝の朝凪まで逆方向の陸風が吹きます。

［ワンポイントアドバイス］

夏の暑い日などには、かなり強い海風が吹くことがあります。そのようなときには、ミニボートに危険な波が立つため油断は禁物です。一般に海風による風波は夕方の凪が近づくにつれて収まります。

■風を見る方法

陸上や海上の物の動きから風を見る(風向や風速などを知る)ことができます。物の動きは、現在どの方向からどの程度の強さの風が吹いているかを指し示し、その変化を眺めればその後の風の予知に役立ちます。

海面のシワ――

風の全くない海面は鏡のように平らですが、少しでも風が吹くと海面にシワが生じます。シワができると、風の吹いているその部分だけ、海面の色は青みを増すため、そこに風が吹いていることが分かります。よく見ると、シワの一本一本が風が吹いてくる方向に向いて、開いた半円形となっていることが分かります。この様子を眺めれば風向を知ることができます。

工場の煙、木々の枝、旗の動きなど――

煙突の煙や木々の揺れ方でも風の動きを知ることができます。工場の煙は、風が全くなければ真っ直ぐ立ち上りますが、少しでも風が出ると斜めになり、ある程度風が強くなると横に流れます。木の枝の大きな揺れや砂ぼこりの巻き上げは、強風の証です。

[ワンポイントアドバイス]

自分がいる海面が穏やかでも、陸上の煙突の煙や木々の揺れを見たらば、いずれ自分がいるの場所にも風が吹いてくる――と考え、警戒しなければなりません。

両耳の感覚で風向を知る――

顔が風の吹いてくる方向に向くと、両耳に同じ感触を感じます。このとき、耳にゴーッと微かな共鳴音が響くので、誰でも簡単にその場の風向を知ることができます。また、風の強さを増すにしたがって共鳴音は大きくなります。ただし、ボートが走っているときは、見かけの風を受けて正しい風向とはなりません。ボートを止めて顔をぐるっと回せば概略の風向が分かる簡便な方法なので、ぜひ試してください。

工場の煙、木々の枝、旗
の動きなどで風を見る

顔が風の吹いてくる
方向に向くと、耳に微
かな共鳴音が響く

■急な天気の変化

次のような場合は、突然の強風、降雨、雷に襲われる可能性があります。

・空が急に曇ってきた。

・風が急に冷たくなった(寒冷前線の接近)。

・ラジオで「ガリガリ」と言う雑音が聞こえる(雷)。

■局地的な荒天

天気図では日本全体が高気圧に覆われていて、天気の崩れが予想されていなくても、海に行ってみたら思わぬ荒天に遭遇することがあります。この現象は、行動海域近くの地形（高い山など）の影響により気流が乱された結果生ずる局地的荒天で、的確な気象予測は困難です。日頃、地元の人からその地域特有の天気の変わり方や荒天の兆候などを聞いておくと役立ちます。

局地的な荒天の予測は難しい

観天望気

雲の形やかかる場所と方角、流れる速さなど、空模様によって今後の天気変化を予測することを「観天望気」と言います。

局地的な天気や海の状況は、テレビやラジオで報じられる天気予報と異なることがあります。これはその周囲の地理や気象条件によって固有の気象変化をもたらした結果と言えますが、その予測は容易ではありません。

観天望気はそのような局地的な天気変化を予測するうえで役立ちます。日頃から地元の人の話を聞いて、自分がボートで出る海域特有の風や波の立ち方とともに観天望気による天候変化の兆候を知っておくことが肝心です。

なお、最近では地球温暖化の影響によって、地元の人でも昔からの経験だけでは判断できない気象現象が生じることがあります。海上では常に雲の動きや海面の状態を観察し、気がかりなことがあったらすぐに岸へ戻ることを行動の基本としましょう。

［ワンポイントアドバイス］

住まい近くの自然現象（日照、降雨、風雨、視界など）を日頃から眺めてその変化の様子を心に止めておくと、天候を判断する目を養うことができます。マンションの上階などからは遠くの空や景色が見えるため、日頃の観察に努めてください。

観天望気はな局地的な天気予測に役立つ

朝焼け、夕焼け

朝焼けは、日の出の前後に東の空が赤く染まる現象で、荒天の前兆とされ、帆船時代の船乗りは大いに警戒を深めたそうです。反対に、夕焼けは太陽が沈むころに西の空が赤く染まる現象で、天気が安定していることを示し、帆船時代の船乗りは安心したということです。ただし、正確に天気の変化を示す兆候ではないので、参考程度にとどめてください。

遠くの景色（視界、視程）

海上では、今まで見えなかった遠くの景色が急に見えるようになることがあります。これは、強風によって空中の水滴などが吹き飛ばされたために起こる現象で、強風への警戒が必要となります。逆に、いままではっきり見えていた遠くの景色がぼんやりかすんで見にくくなってきたときは、天気は安定する傾向にあります。

風が弱いときの富士山

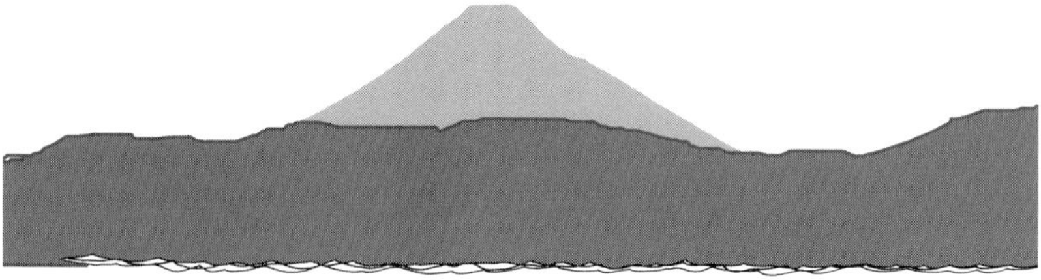

風が強いときの富士山

［ワンポイントアドバイス］

・通常、何十キロも離れた山の姿は霞んではっきり見ることはできません。もし、はっきりした山影が見え始めた場合は、強風の兆候と考えましょう。相模湾や東京湾では、冬や初春に富士山がくっきり見え始めると、ほとんどの場合、短時間のうちに西の強風が吹き始めるため、漁船などは一斉に港に引き上げます。

・著者（静岡県三島市在住）は「十数キロ東に見える箱根連山（海抜約800メートル）の頂上付近が見えなくなると雨になる」と判断しますが、これがよく当たります。

ギザギザの水平線

海岸に立って沖を見ると、目の前の海面は静かで平らなのに水平線がギザギザになっていることがあります。これは遠くの海面がかなり波立っていることを表しており、しばらくすると海岸にも強風が押し寄せてくる可能性があります。そんな水平線を見た場合、海に出るかどうかの判断は慎重に下す必要があります。ただし、少し前まで目前の海上に強風が吹いていて、それが徐々に止んでいく時にも同じような光景が見渡せます。

風が弱くても、沖合の海面が極端に青くなっていたり白波が数多く立っている場合は絶対に出航してはなりません。しばらくすると、強風と大波が押し寄せてくる危険があります。

遠くの海面がかなり波立っていると水平線がギザギザになる

笠雲

富士山周辺の地域では「富士山に笠雲がかかると天気が崩れる」と言われ、これはかなりの確率で当たります。高い山の頂上や稜線に笠雲がかかった場合は強風になる(天候が崩れる)ことが多いため、出航は控えるべきでしょう。

富士山に笠雲がかかると天気が崩れる

雲の流れ

雲の流れる方向や速度で上空の風の強さを知ることができます。地上が無風でも上空の雲が速く流れている場合は、しばらくすると地上にも強風が吹く可能性があります。そのような場合は、しばらく様子を見た後に出航の可否を判断しましょう。海に出た場合でも、常に沖合の海を注視し、強風の兆候が見えたら躊躇なく引き返しましょう。

星のまたたき

海に出る前日の夜は、ぜひ星を観察してください。激しい星のまたたきは、上空に強い風が吹いているあかしです。この現象は、強風により空気の密度が大きく変化して地上に届く星光の強さが激しく変わるために起こります。

このような星のまたたきによっても、翌日吹く風の強さを予測することができます。

Mini Boat
［ミニボート入門］

楽し海モーターボート・ビギナーズ・ガイド

2009年10月10日　第1版第1刷発行

著　者　吉谷瑞雄

発行者　大田川茂樹

発行所　株式会社 舵社
〒105-0013 東京都港区浜松町1-2-17
ストークベル浜松町
TEL.03-3434-5181（代表）
TEL.03-3434-4531（販売）
FAX.03-3434-2640

イラスト　国方成一
装丁・デザイン　熊倉 勲

印刷　大日本印刷

ISBN978-4-8072-1518-8